Road & Destination Atlas

of

Jersey

UK Channel Islands

DISCLAIMER

Information shown on these maps is compiled from multiple sources and may not be complete or accurate. This product is for entertainment purposes only and is not a land survey. This product is not intended as medical, legal, business, financial, or safety advice. The author cannot be held responsible for misuse or misinterpretation of any information and offers no warranty, guarantees, or representations of any kind in connection to its accuracy or completeness. The author accepts no liability for any loss, damage, injury, or inconvenience caused as a result of reliance on this product.

Data Sources:

OpenStreetMap © OpenStreetMap contributors (openstreetmap.org, opendatacommons.org)

INDEX

1	2	3	4	5	6	7	8	

Vingtaine du Douet

Vingtaine du Nord

St. John

| 9 | 10 | 11 | 12 | 13 | 14 | 15 | 16 | 17 | 18 | 19 |

Saint Ouen

St. Mary

Vingtaine de la Ville à l'Evêque

Vingtaine du Sud

Trinity

| 20 | 21 | 22 | 23 | 24 | 25 | 26 | 27 | 28 | 29 | 30 |

St. Martin

Saint Lawrence

Vingtaine de Maufant

| 31 | 32 | 33 | 34 | 35 | 36 | 37 | 38 | 39 | 40 |

Vingtaine de dessous La Hougue

Vingtaine de dessous l'Église

Saint Saviour

| 41 | 42 | 43 | 44 | 45 | 46 | 47 | 48 | 49 | 50 |

Vingtaine de la Grande Longueville

Grouville

St. Brelade

| 51 | 52 | 53 | 54 | 55 | 56 | 57 | 58 | 59 | 60 | 61 |

Canton de Haut

St. Clement

| 62 | 63 | 64 | 65 | 66 | 67 | 68 | 69 | 70 |

0   1   2 mi

LEGEND

Points of Interest

- Arts Center
- ATM
- Bank
- Bar/Pub
- Bicycle Rental
- Bus Station
- Cafe
- Casino
- Cemetery
- Cinema
- College/University
- Courthouse
- Doctor/Clinic

- Ferry Terminal
- Gas station
- Government Bldg
- Library
- Hospital
- Pharmacy
- Place of Worship
- Police
- Post Office
- Restaurant
- Restrooms
- School
- Theater/Stage

Areas of Interest

- Cemetery
- College/University
- Event Venue/Exhibition Center
- Hospital
- Parks
- Beaches

- Primary Roads
- Secondary Roads
- Tertiary Roads

- Local Roads
- Bicycle Paths
- Alleys/Paths/Tracks
- Railroads
- Water

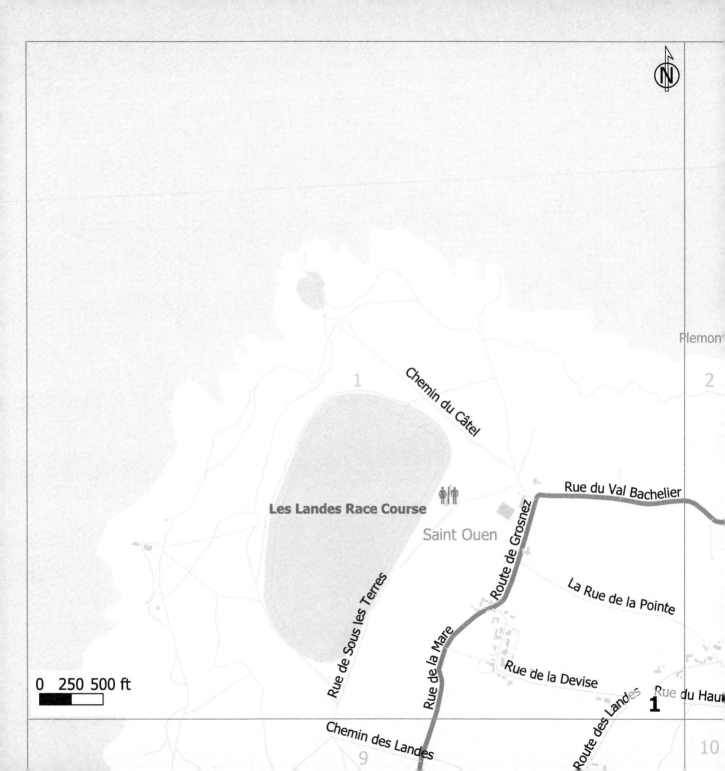

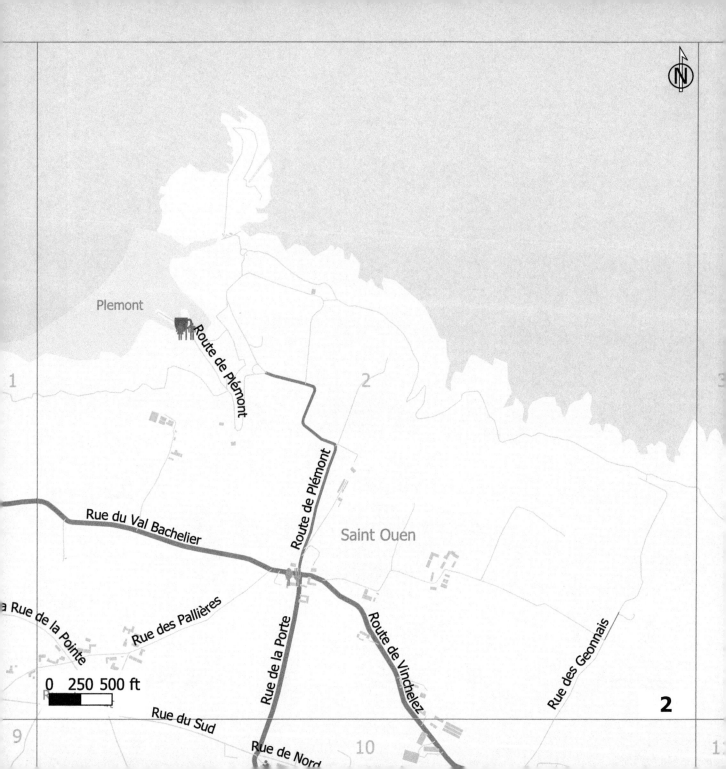

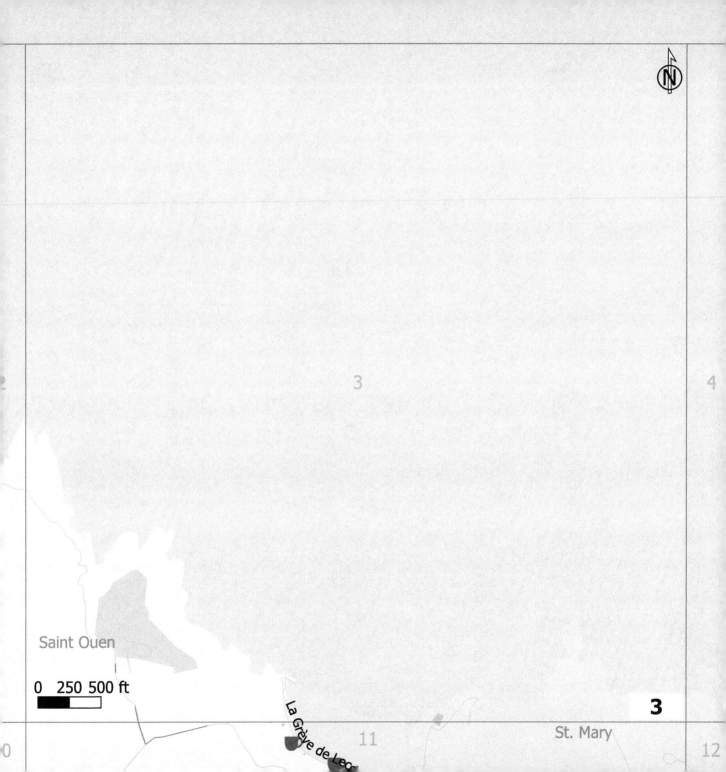

Saint Ouen

0   250 500 ft

La Grève de Lec

11

St. Mary

3

N

3

4

12

3

4

Vingtaine du Douet

Vingtaine du Nord

La Ca...

Grande Rue

4

0   250 500 ft

11

12

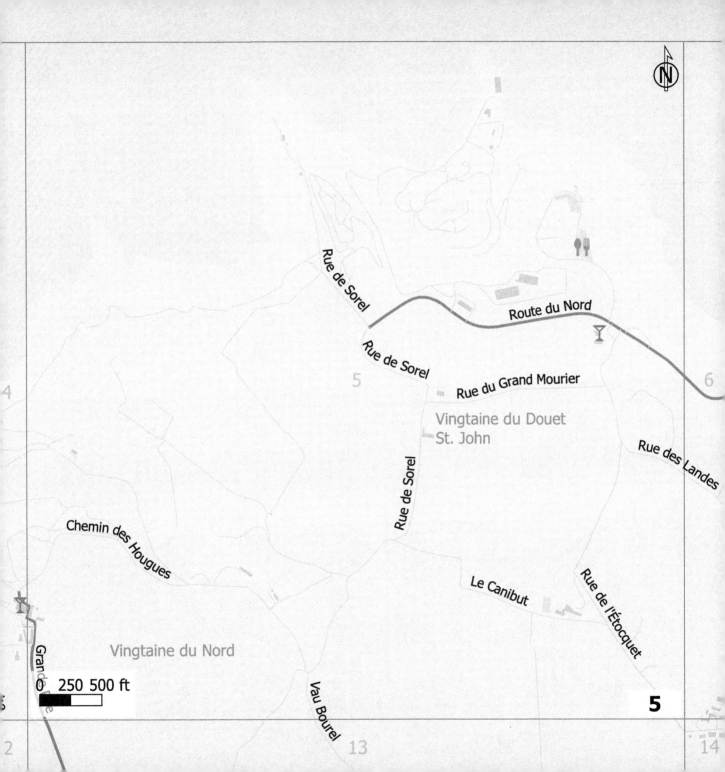

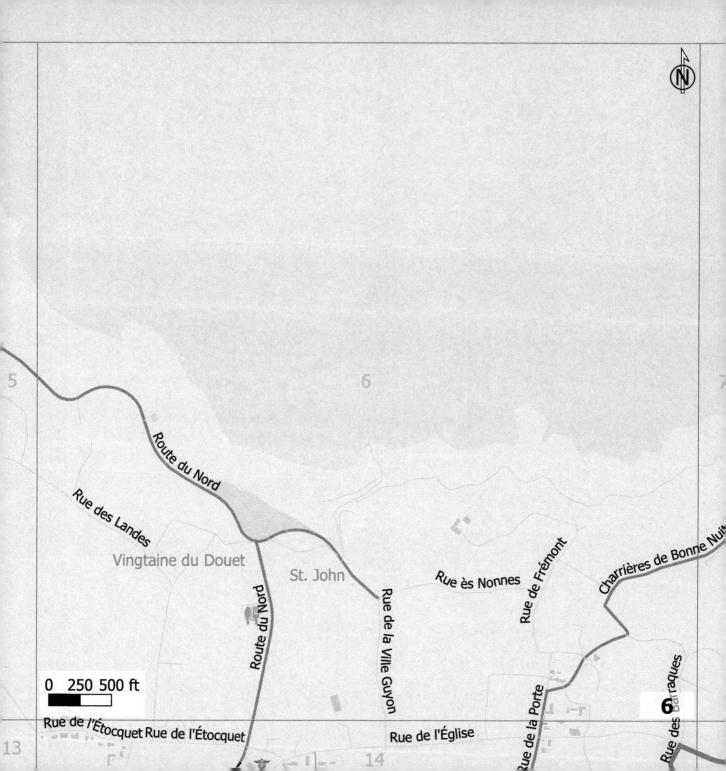

5

6

N

Route du Nord

Rue des Landes

Vingtaine du Douet

Route du Nord

St. John

Rue de la Ville Guyon

Rue ès Nonnes

Rue de Frémont

Charrières de Bonne Nuit

Rue de la Porte

Rue des Barraques

0 250 500 ft

Rue de l'Étocquet Rue de l'Étocquet

Rue de l'Église

13

14

6

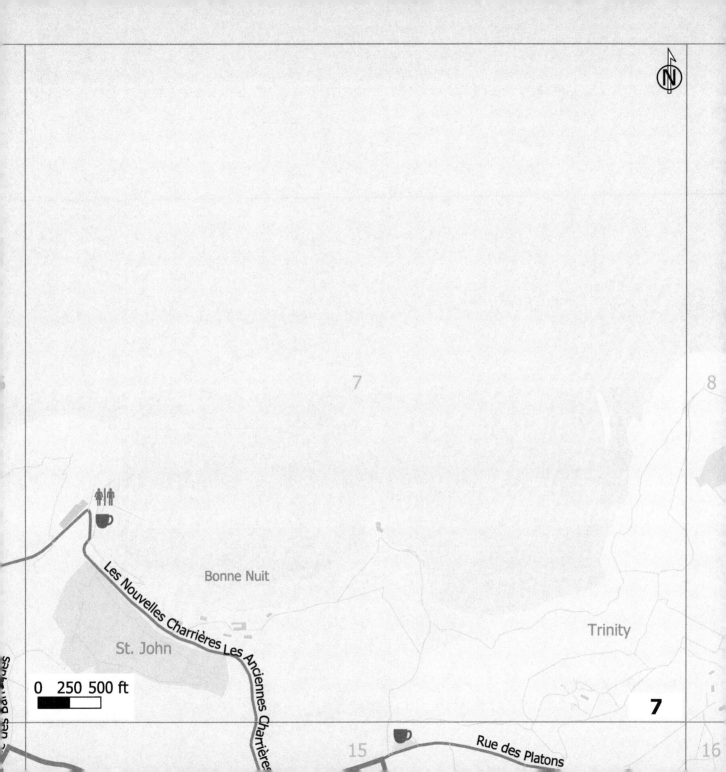

7

8

♿

☕

Bonne Nuit

Les Nouvelles Charrières Les Anciennes Charrières

St. John

Trinity

0 250 500 ft

7

☕

15

Rue des Platons

16

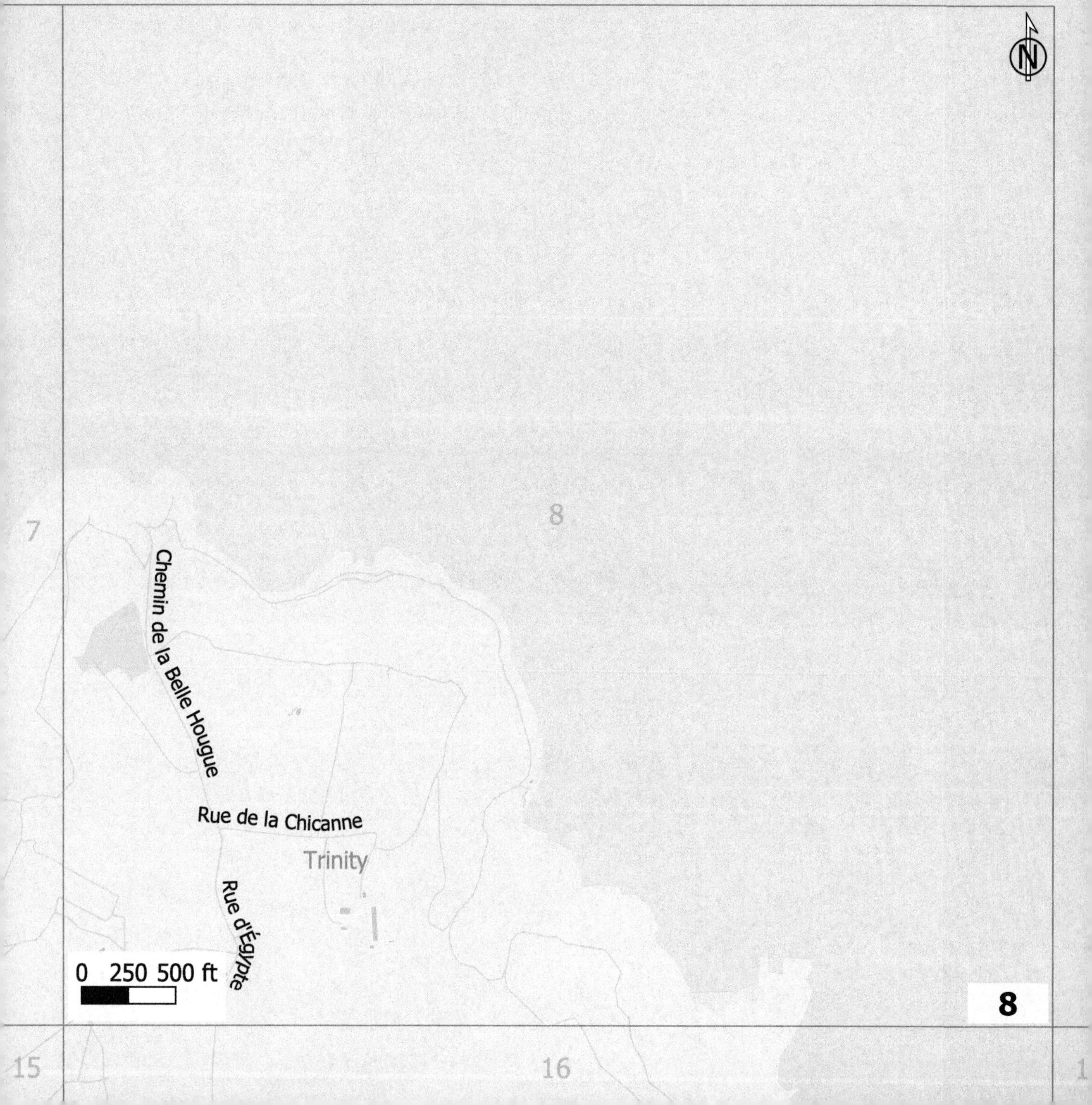

8

Chemin de la Belle Hougue

Rue de la Chicanne

Trinity

Rue d'Égypte

0 250 500 ft

16

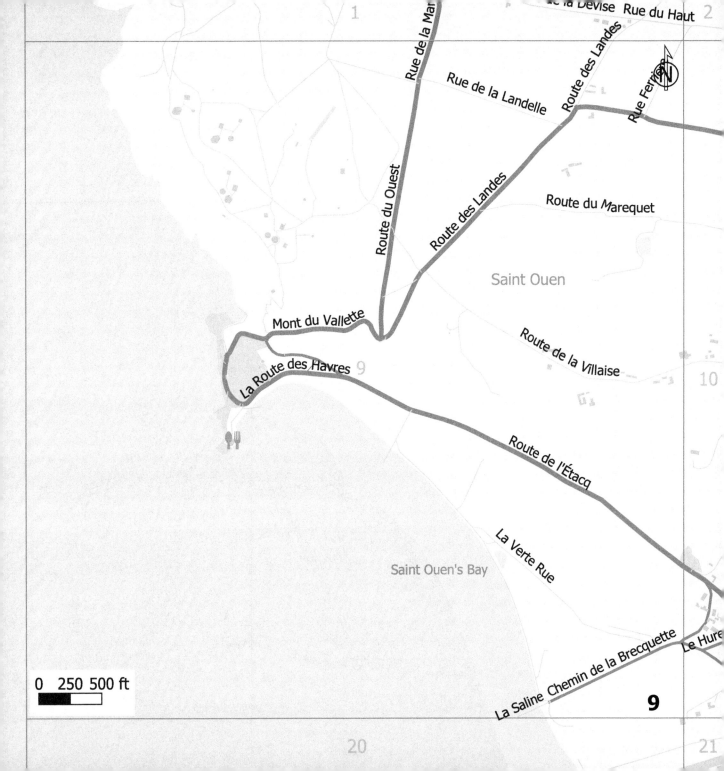

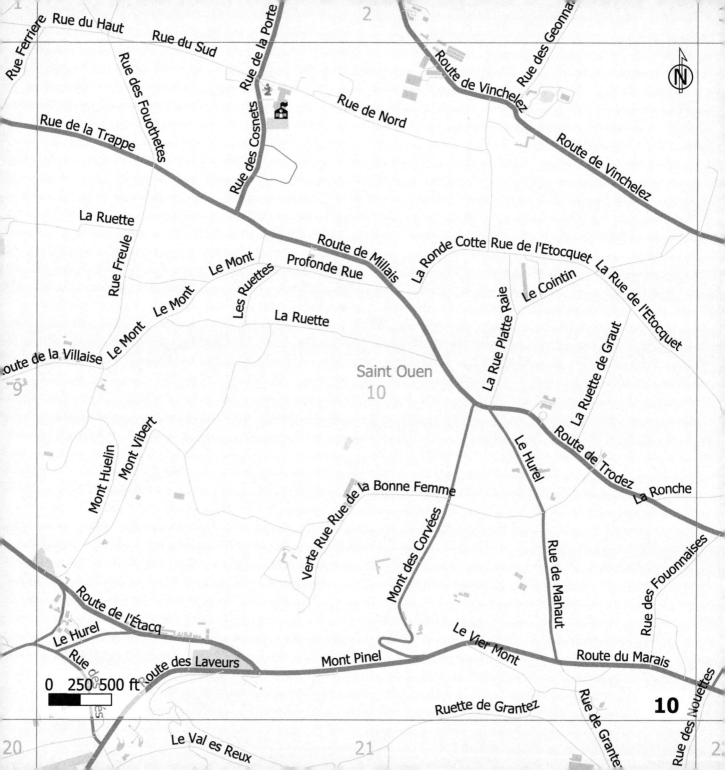

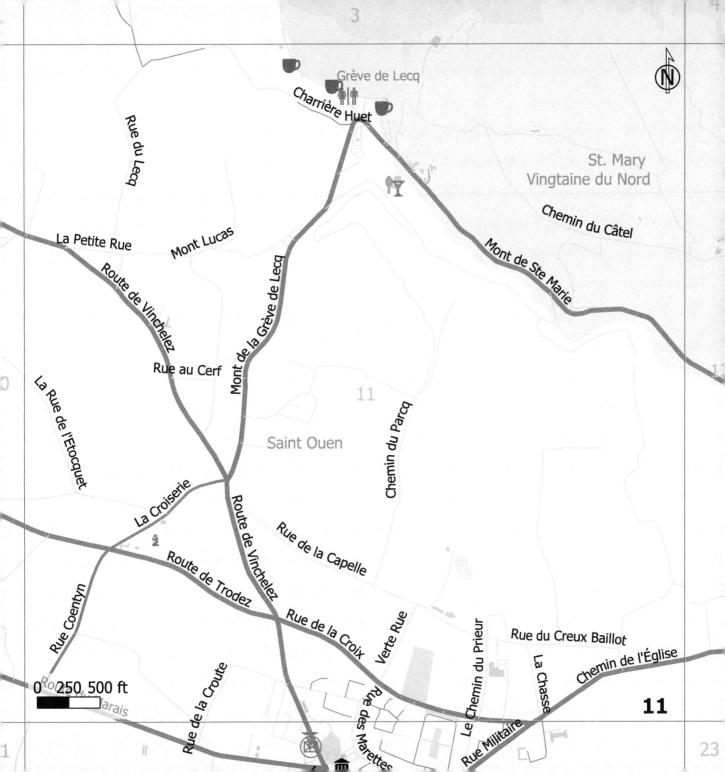

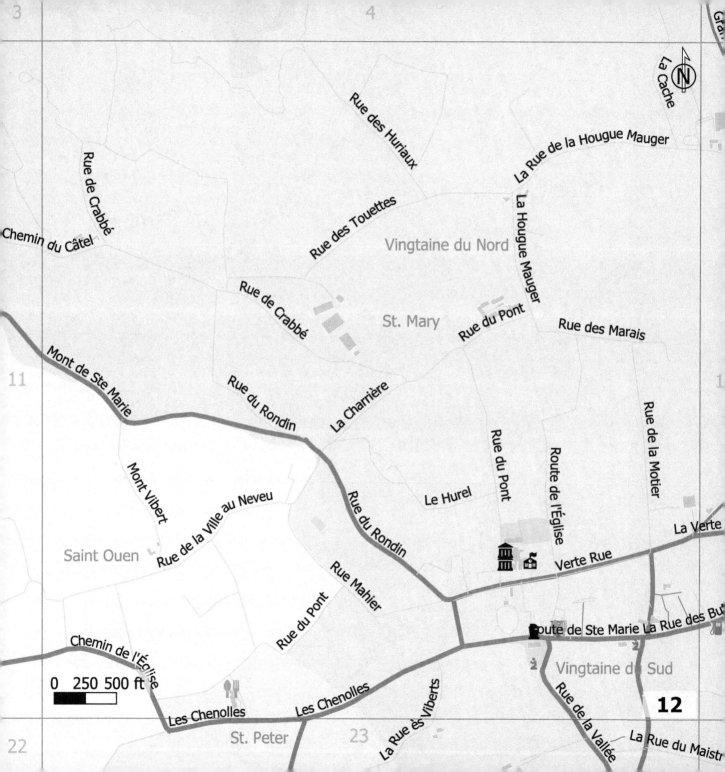

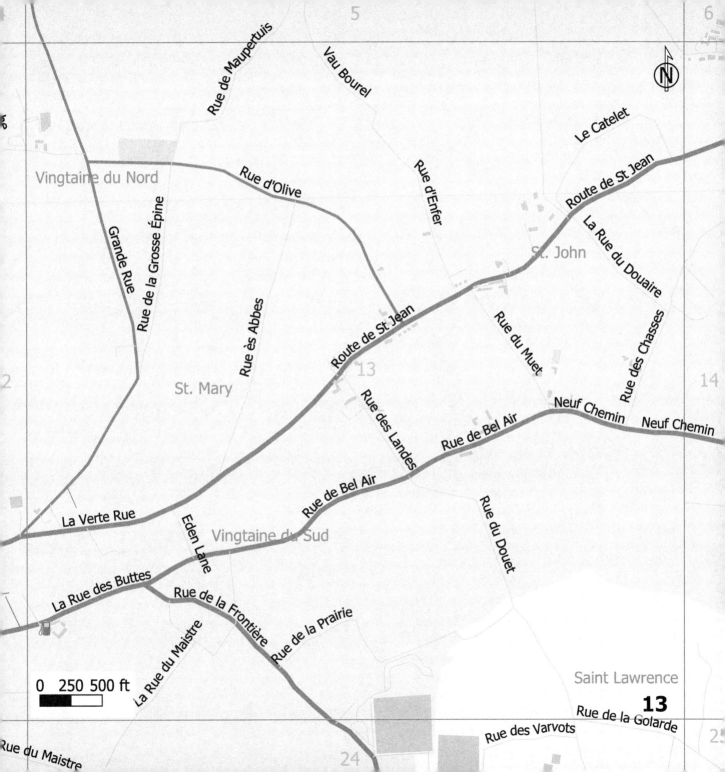

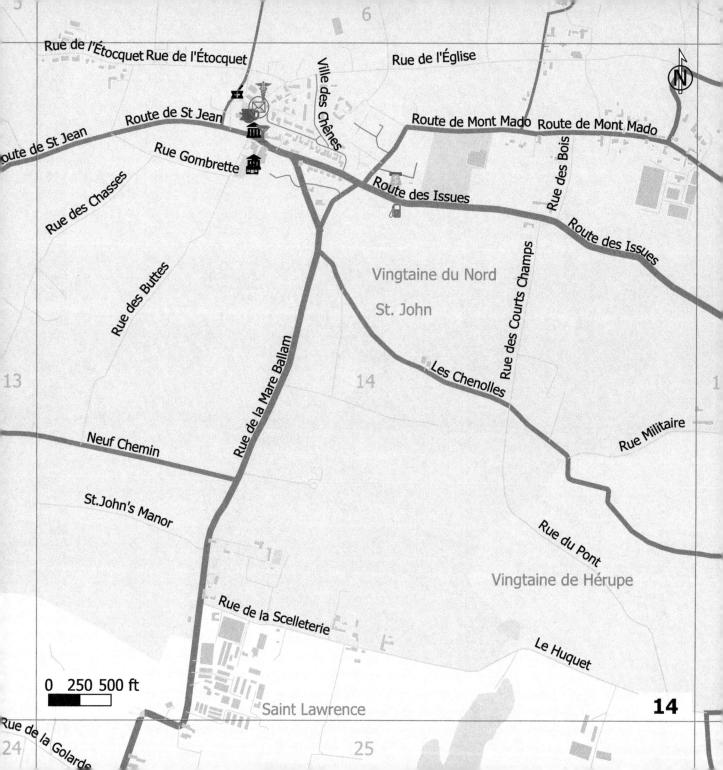

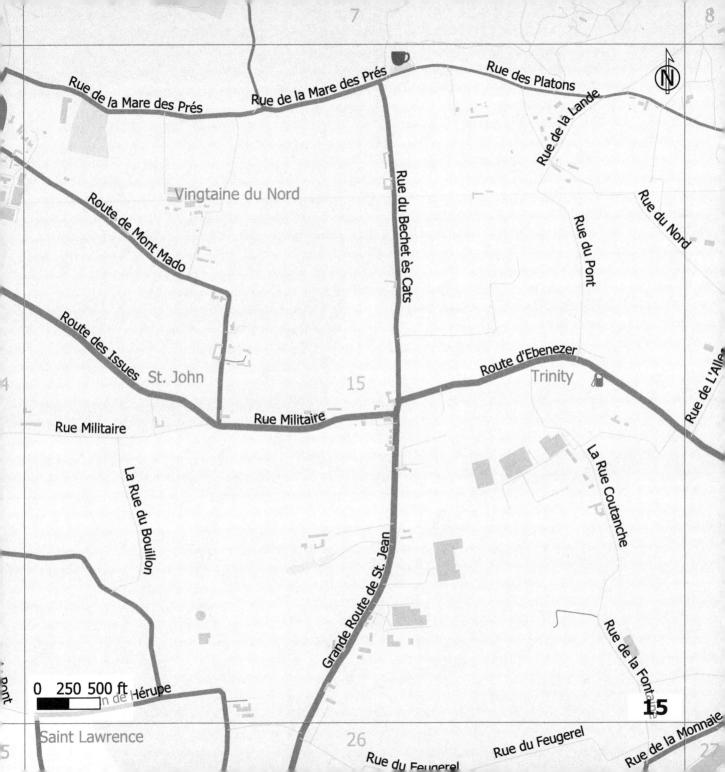

Rue de la Mare des Prés

Rue de la Mare des Prés

Rue des Platons

Rue de la Lande

Vingtaine du Nord

Rue du Nord

Route de Mont Mado

Rue du Bechet ès Cats

Rue du Pont

Route des Issues

Route d'Ebenezer

Trinity

Rue de L'Alle

St. John

15

Rue Militaire

Rue Militaire

La Rue Coutanche

La Rue du Bouillon

Grande Route de St. Jean

Rue de la Fonta

0   250 500 ft

n de Hérupe

15

Saint Lawrence

26

Rue du Feugerel

Rue du Feugerel

Rue de la Monnaie

27

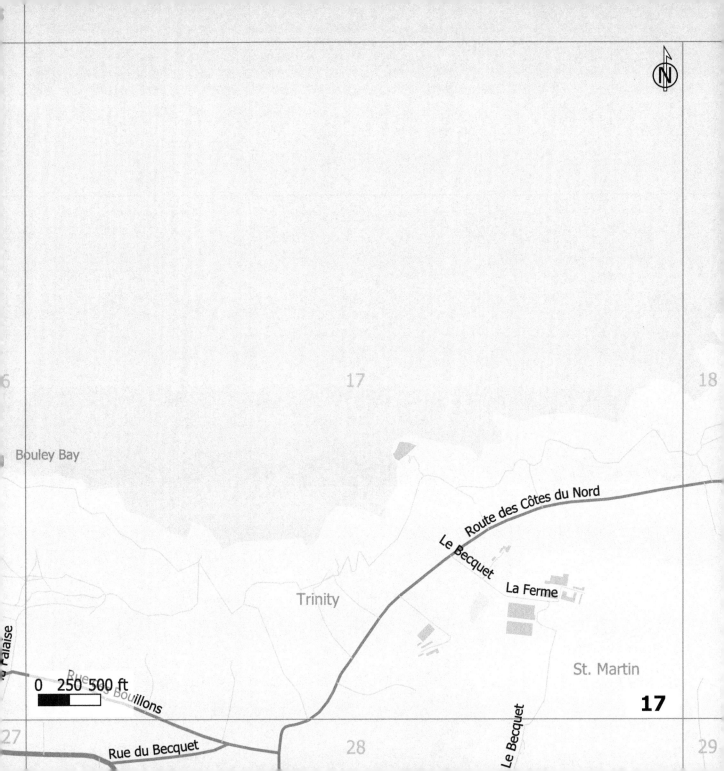

6

17

18

Bouley Bay

Route des Côtes du Nord

Le Becquet

La Ferme

Trinity

St. Martin

Rue des Bouillons

Falaise

0 250 500 ft

27

Rue du Becquet

28

Le Becquet

29

17

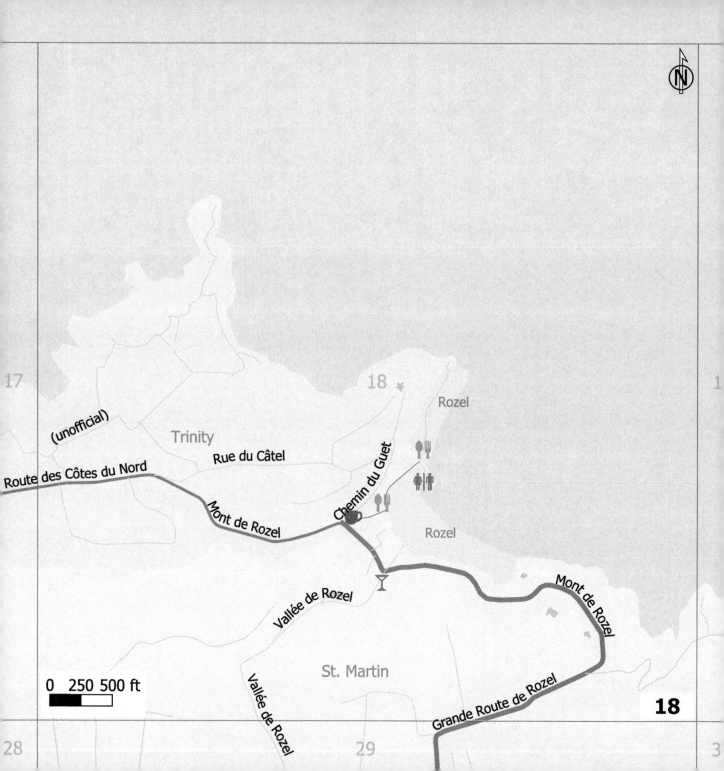

19

8

0 250 500 ft

Saie

St. Martin

19

La Coupe

30

9

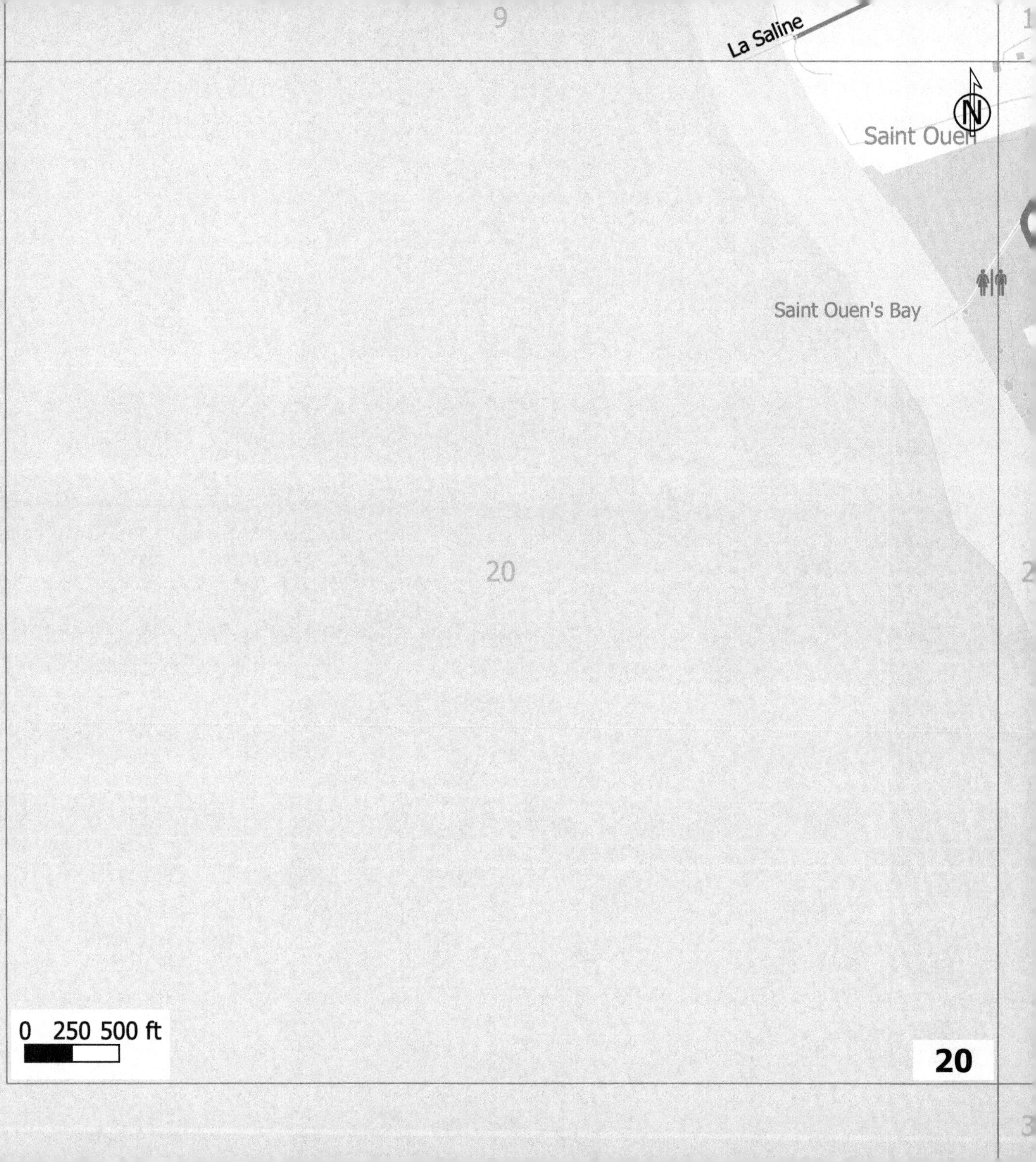

La Saline

Saint Ouen

Saint Ouen's Bay

0   250 500 ft

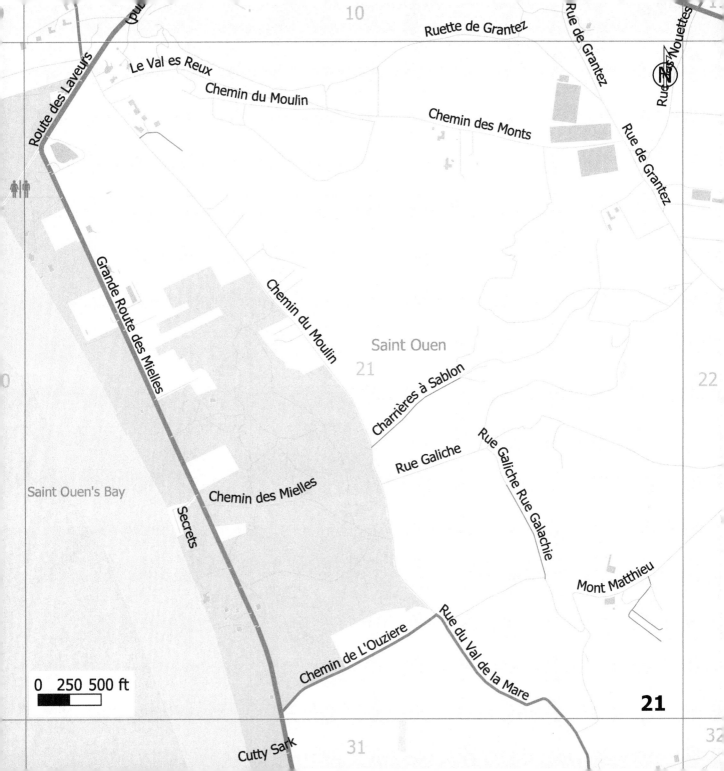

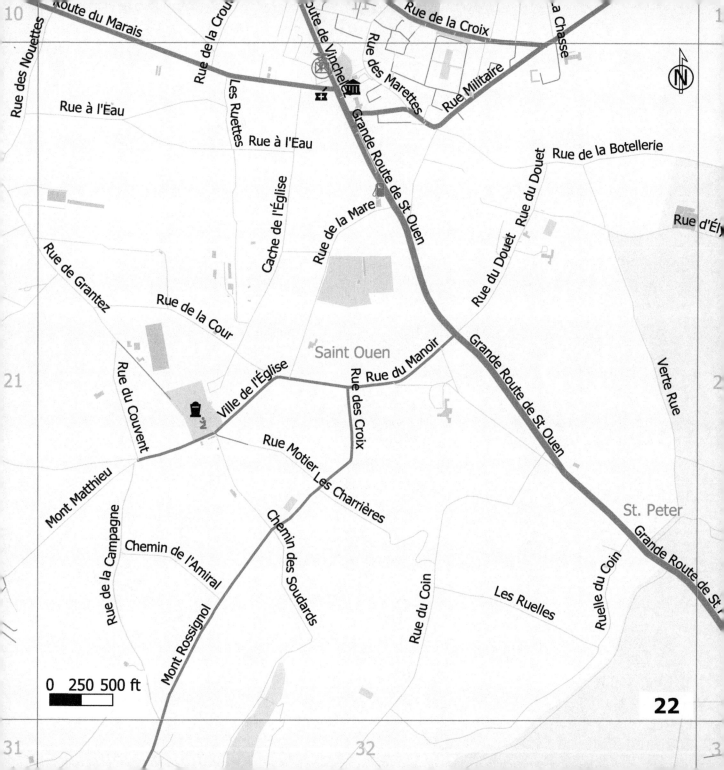

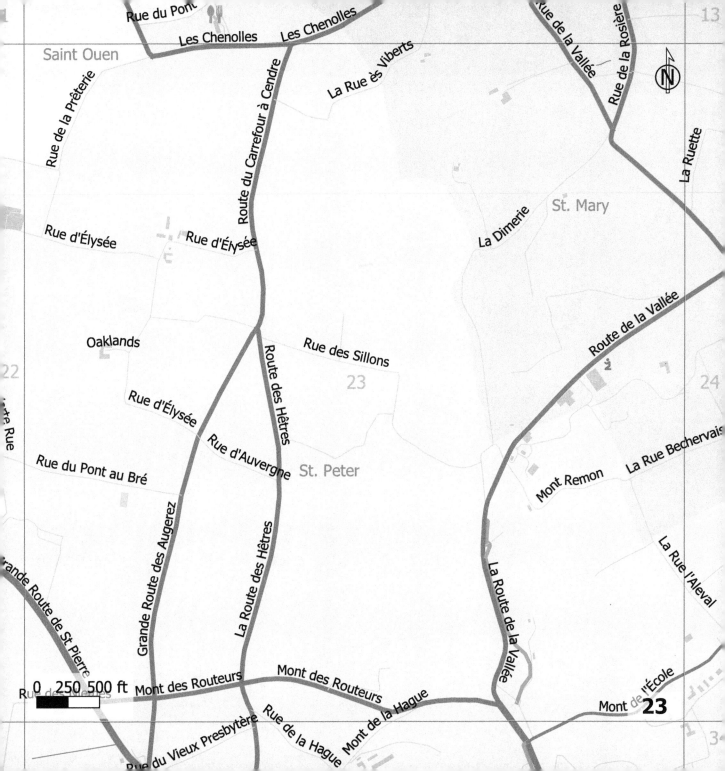

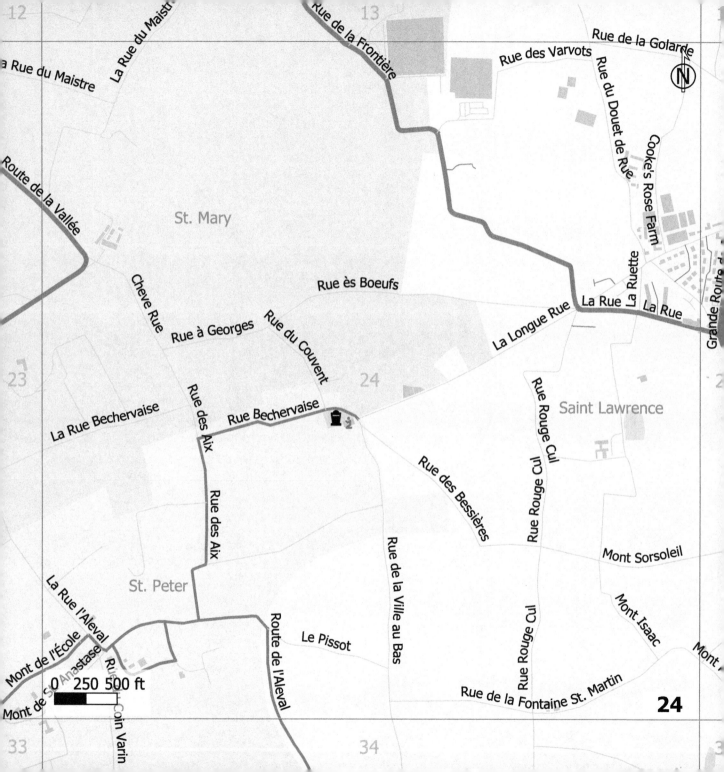

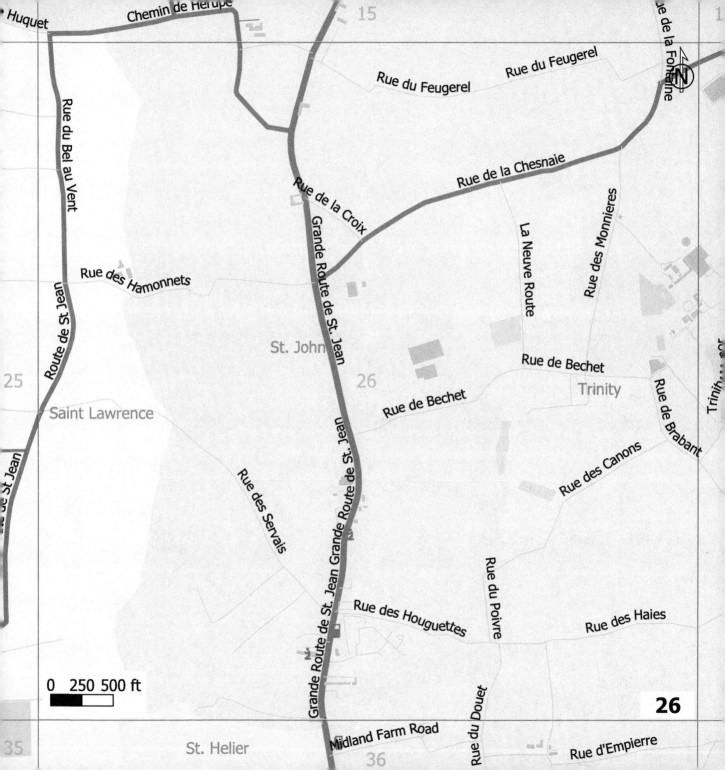

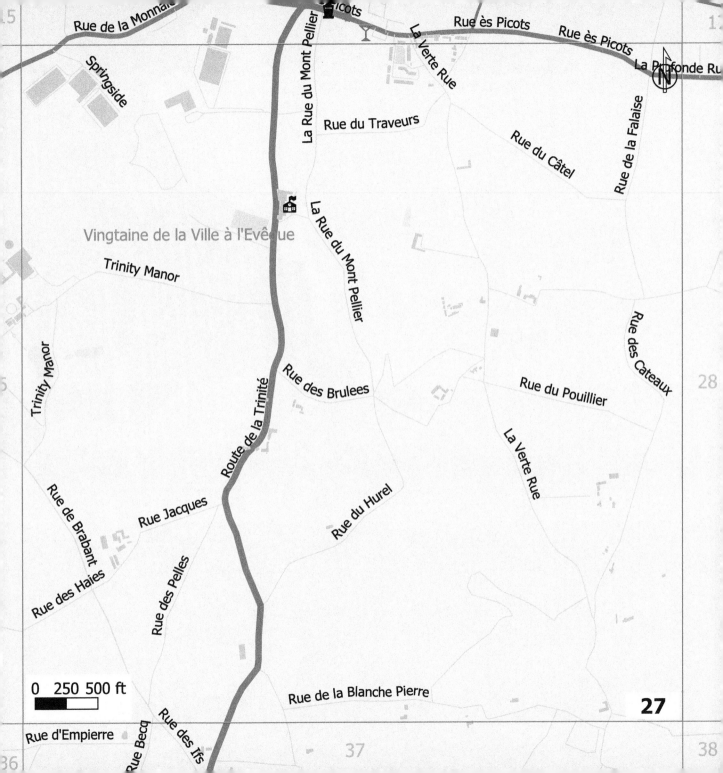

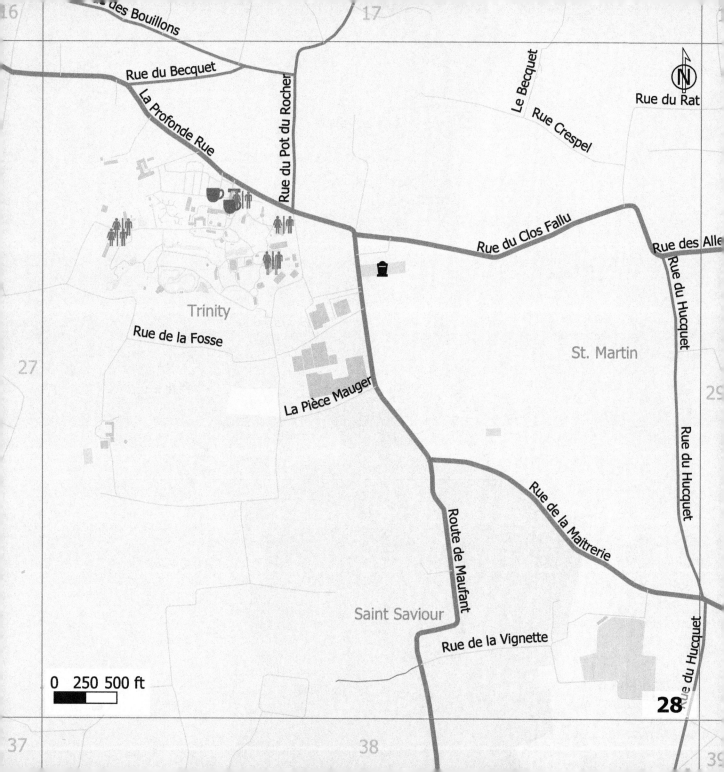

des Bouillons

17

Rue du Becquet

Le Becquet

Rue du Rat

N

Rue Crespel

La Profonde Rue

Rue du Pot du Rocher

Rue du Clos Fallu

Rue des Alle

Rue du Hucquet

Trinity

Rue de la Fosse

St. Martin

29

La Pièce Mauger

Route de Maufant

Rue de la Maîtrerie

Rue du Hucquet

Saint Saviour

Rue du Hucquet

Rue de la Vignette

0   250 500 ft

28

16

27

37

38

39

Saie

La Coupe

Rue de la Coupe

La Rue du Scez

e des Pelles

La Rue de la Perruque

Flicquet

La Rue du Villot

La Rue du Belin

St. Martin

La Rue du Villot

La Rue de Flicquet

Vericut Slipway

La Route de Ste Catherine

La Rue du Villot

Le Grand Cotil

Belval Cove

Rue du Moulin

0 250 500 ft

Rue

30

Cutty Sark

Saint Ouen

Rue du Val de la Mare

N

Grande Route des Mielles

Mont Rossign

Saint Ouen's Bay

31

32

Les Mielles Golf & Country Club

St. Peter

Route de la Marette

La Route du Port

Le Port

Grande Route des Mielles

Rue de la Mer

0   250 500 ft

31

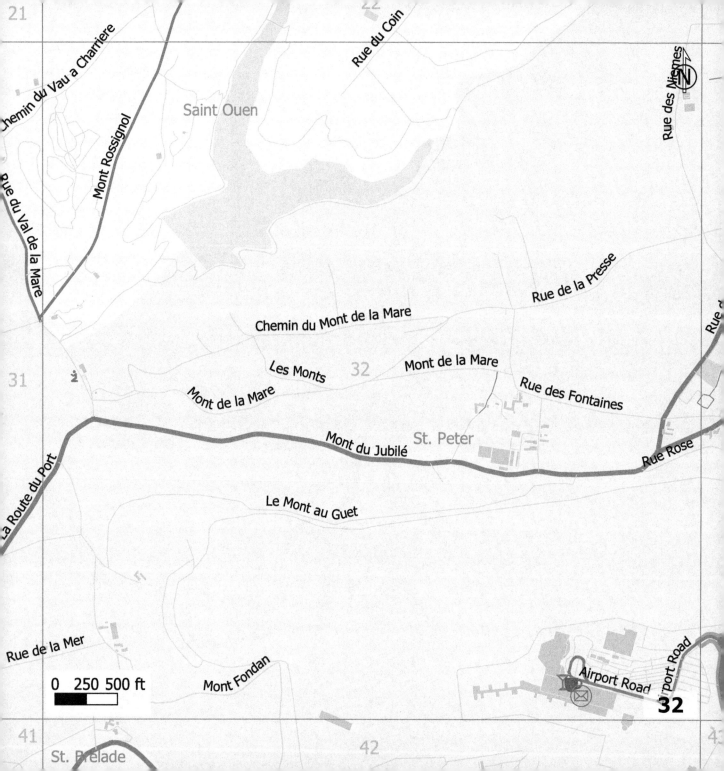

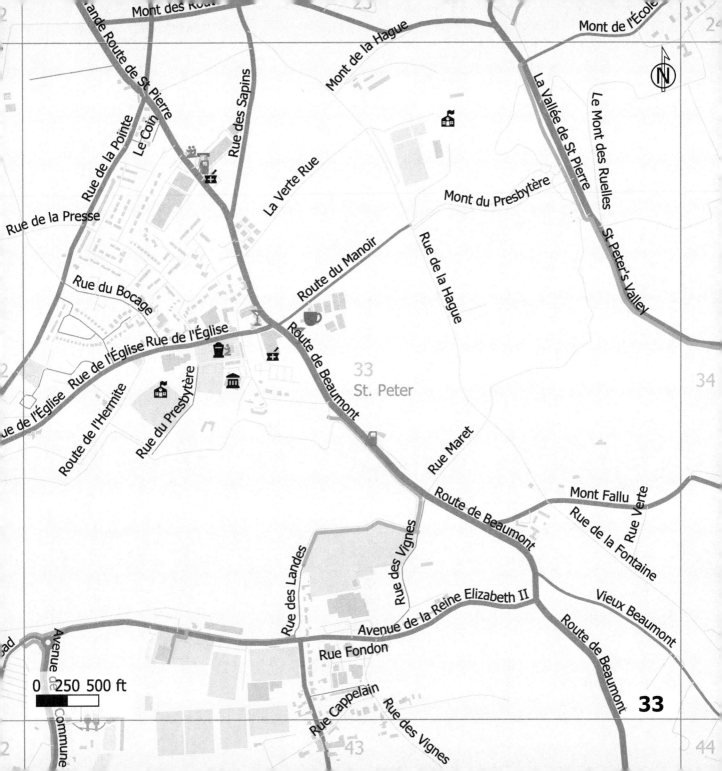

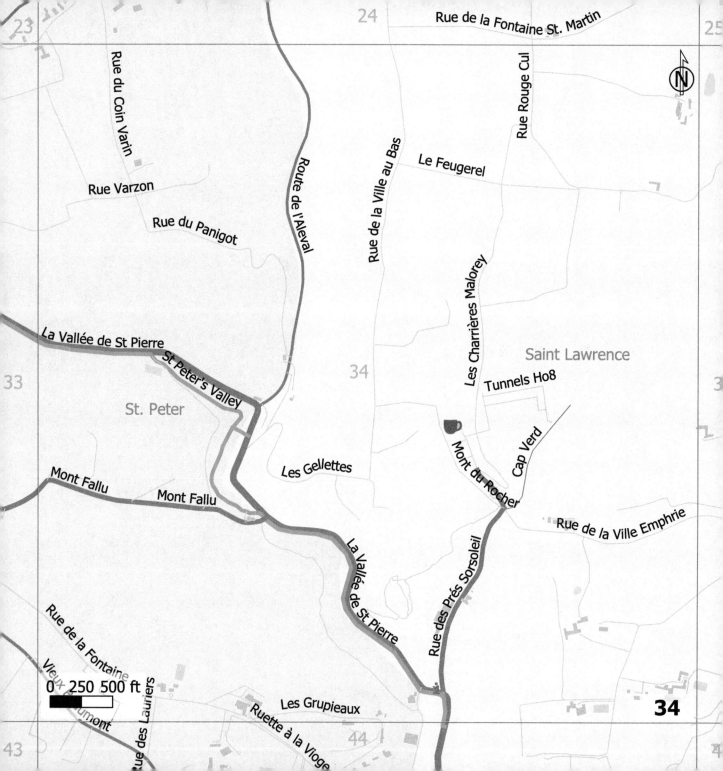

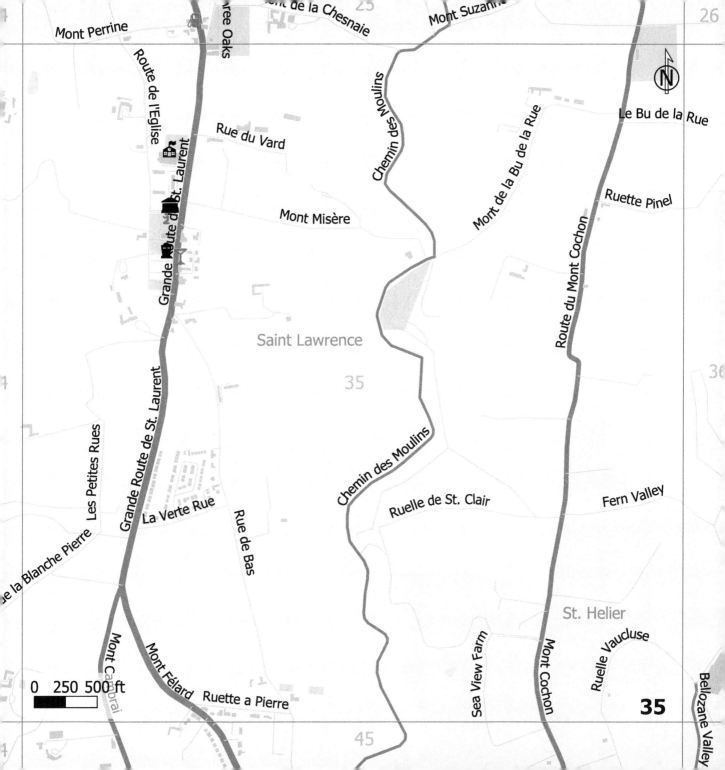

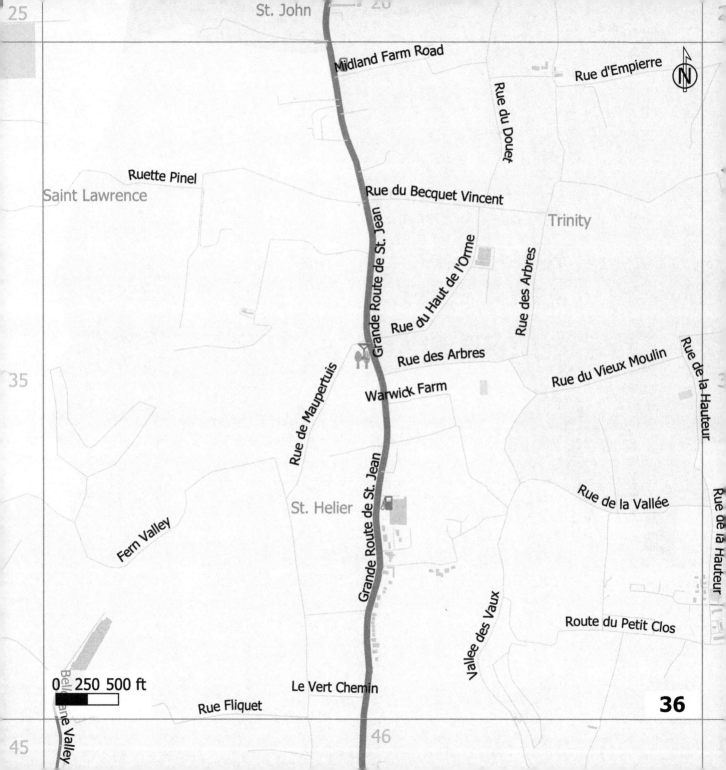

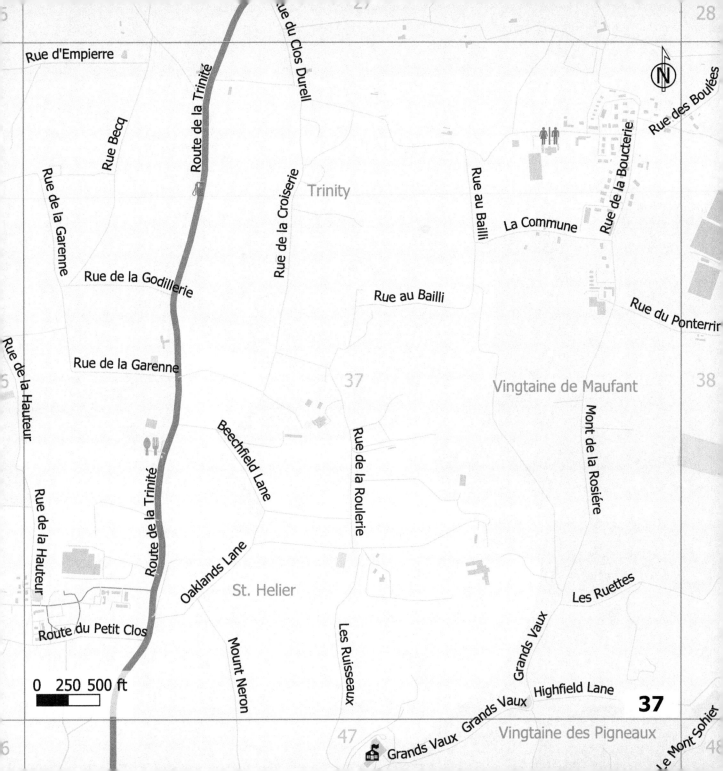

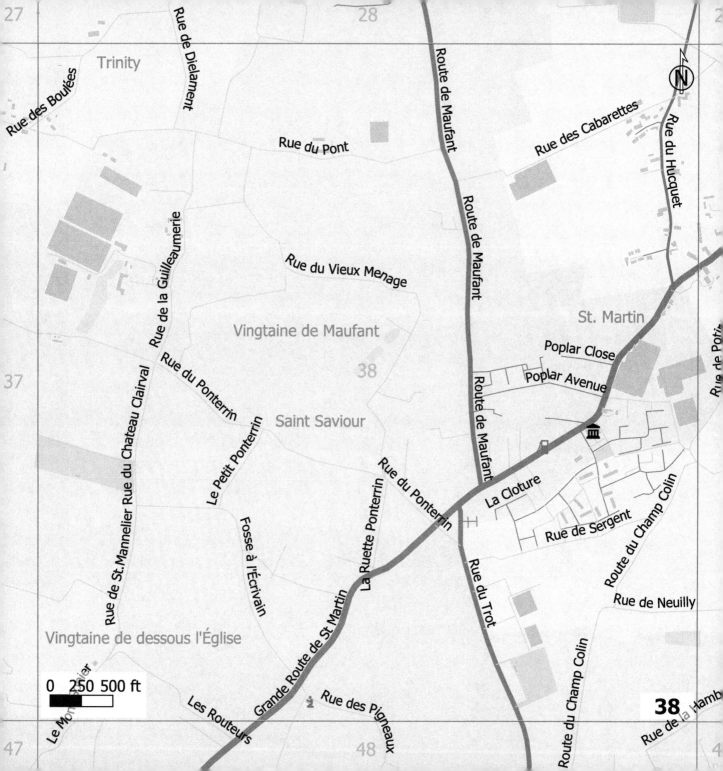

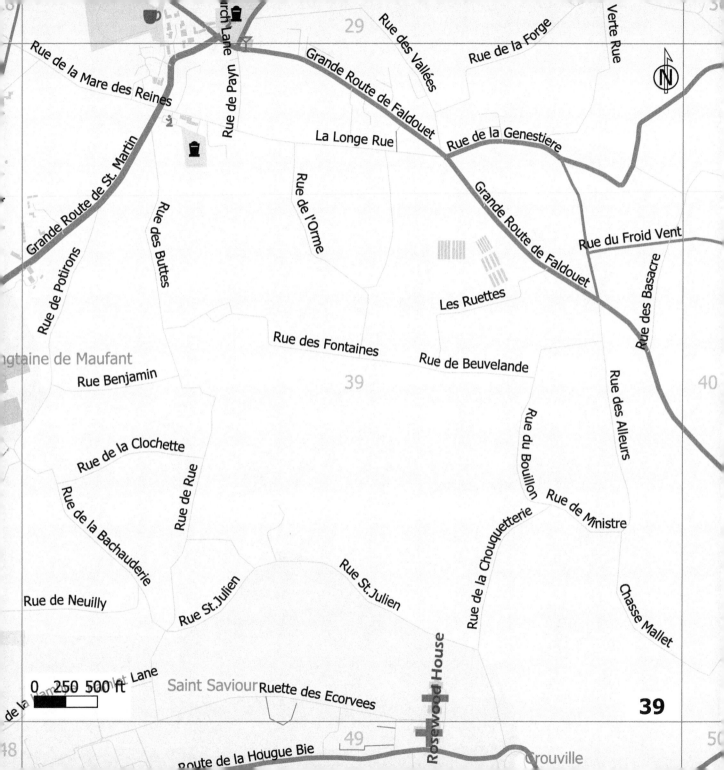

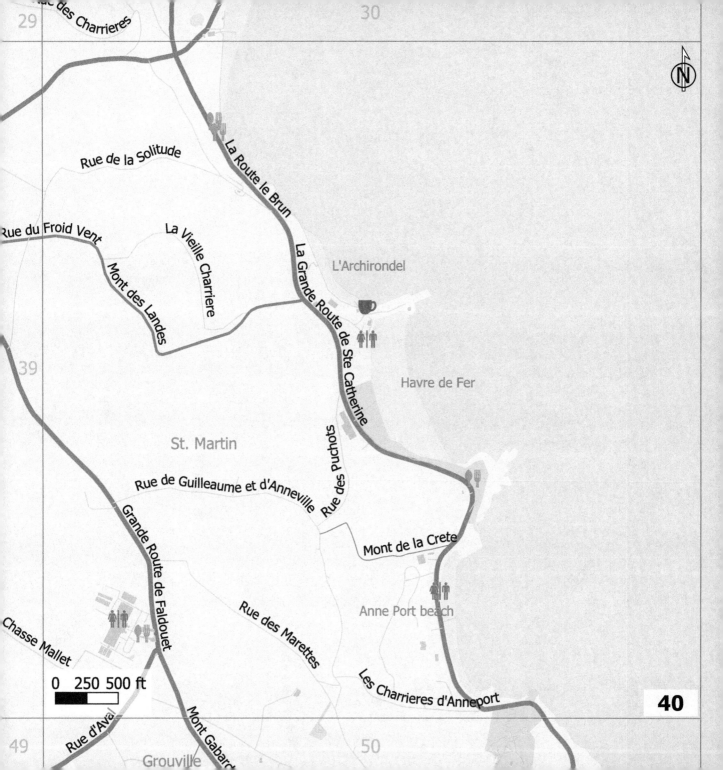

Rue des Charrieres

Rue de la Solitude

La Route le Brun

Rue du Froid Vent

La Vieille Charriere

Mont des Landes

La Grande Route de Ste Catherine

L'Archirondel

Havre de Fer

St. Martin

Rue des Puchots

Rue de Guilleaume et d'Anneville

Grande Route de Faldouet

Mont de la Crete

Chasse Mallet

Rue des Marettes

Anne Port beach

Les Charrieres d'Anneport

0   250 500 ft

Rue d'Aval

Mont Gabard

Grouville

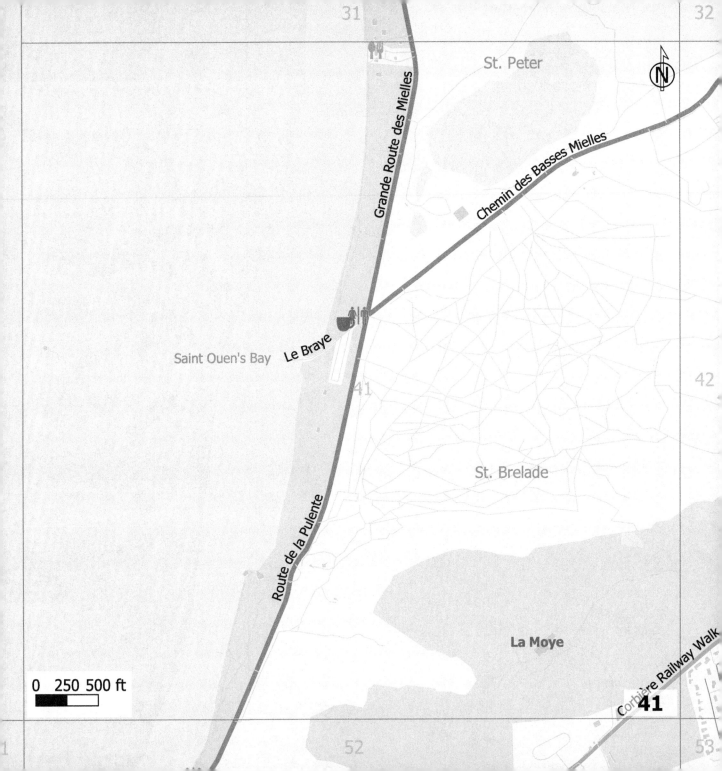

31

32

St. Peter

Grande Route des Mielles

Chemin des Basses Mielles

N

Saint Ouen's Bay   Le Braye

41

42

St. Brelade

Route de la Pulente

La Moye

Corbière Railway Walk

41

0   250 500 ft

52

53

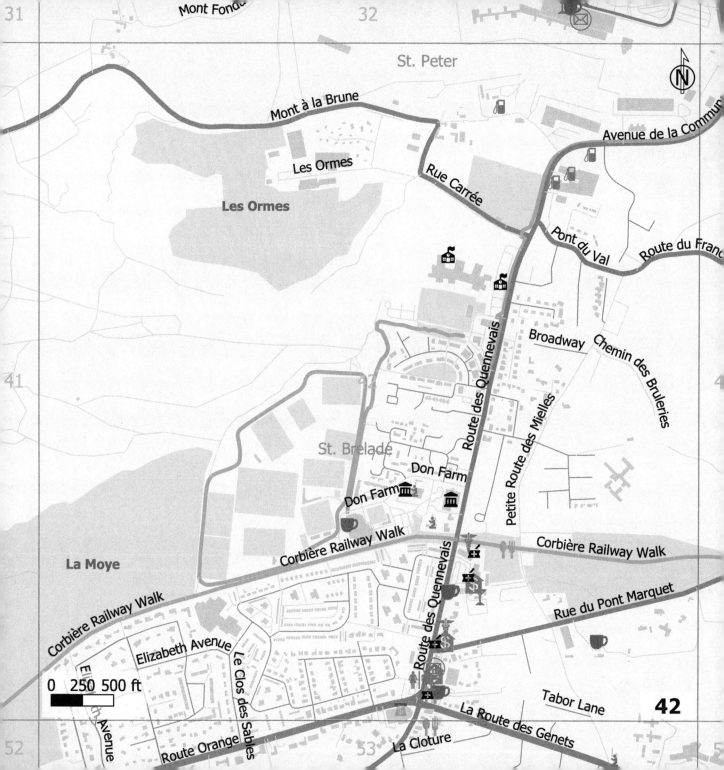

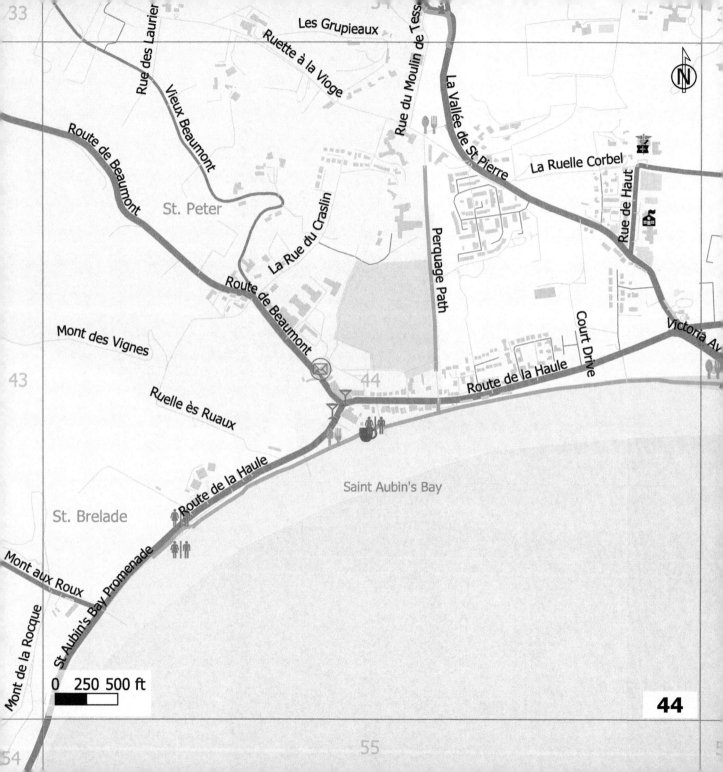

Les Grupieaux

Ruette à la Vioge

Rue du Moulin de Tess

La Vallée de St Pierre

Rue des Laurier

Vieux Beaumont

Route de Beaumont

St. Peter

La Ruelle Corbel

Rue de Haut

La Rue du Craslin

Route de Beaumont

Perquage Path

Mont des Vignes

Ruelle ès Ruaux

44

Route de la Haule

Court Drive

Route de la Haule

Victoria Av

Saint Aubin's Bay

St. Brelade

Route de la Haule

Mont aux Roux

St Aubin's Bay Promenade

Mont de la Rocque

0 250 500 ft

44

N

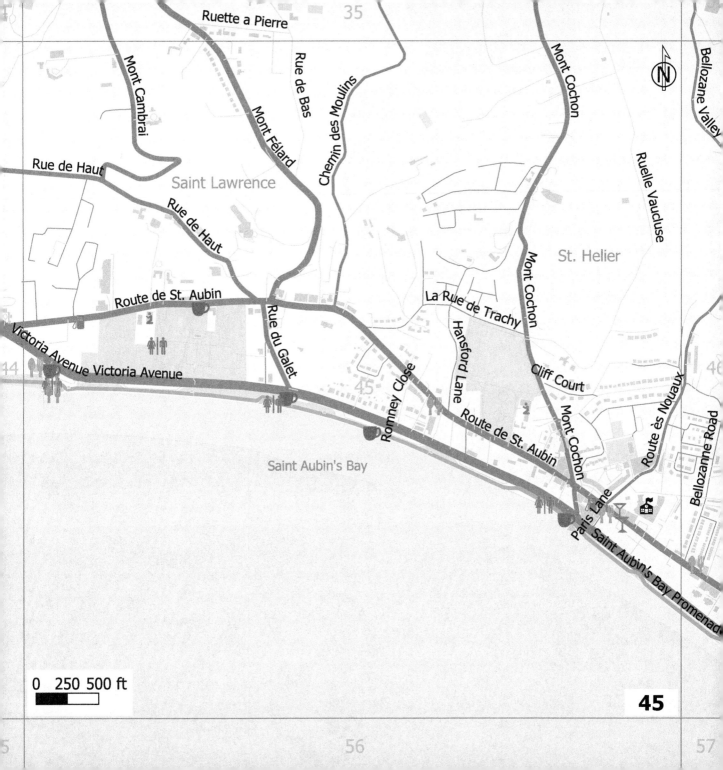

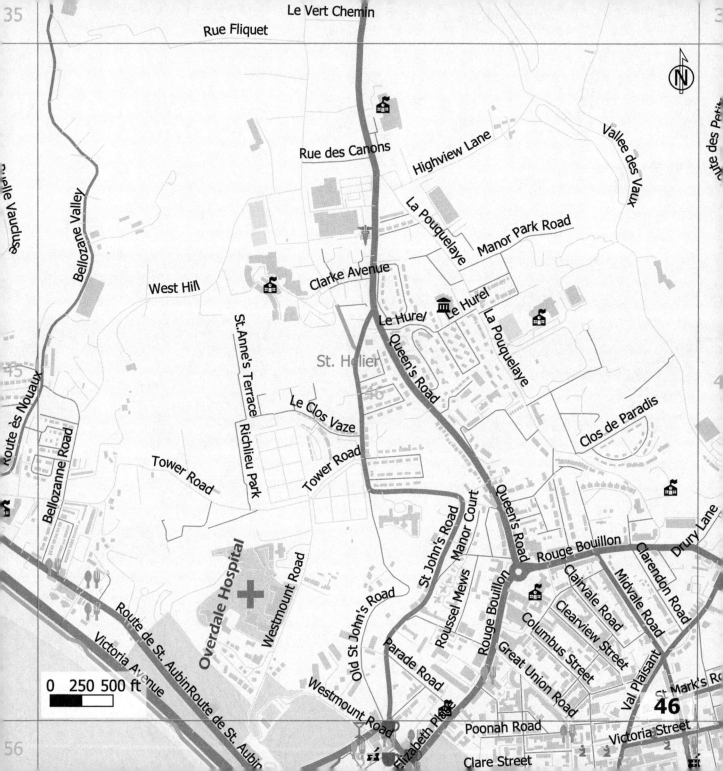

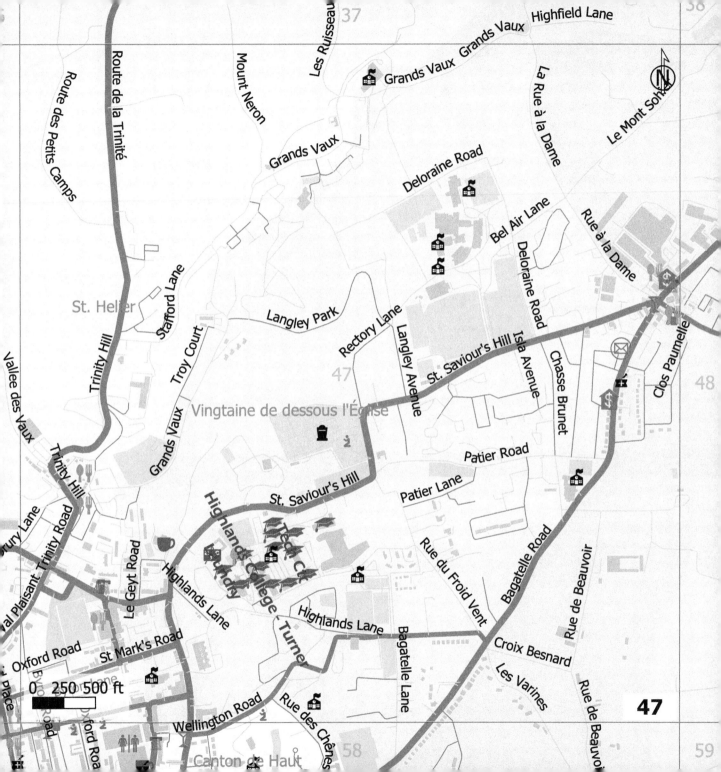

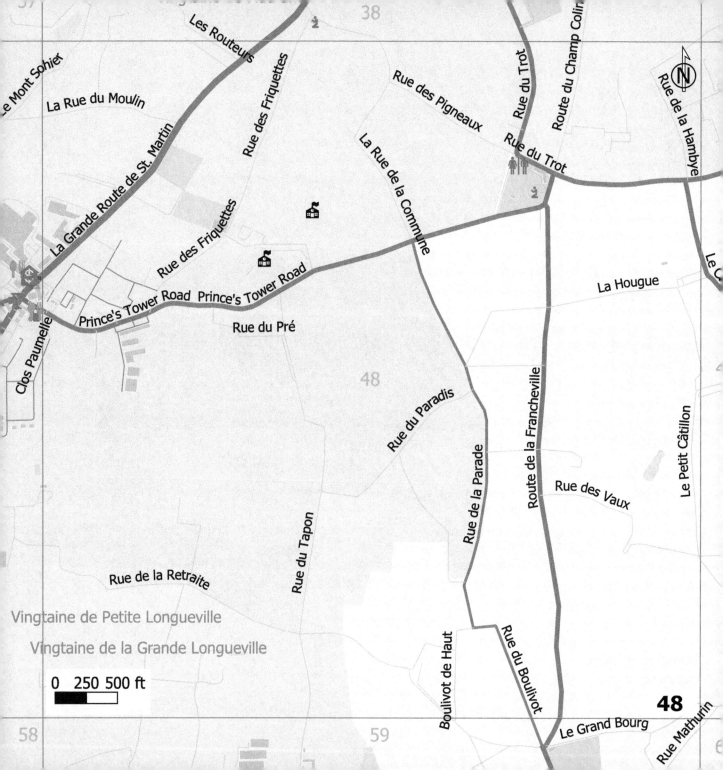

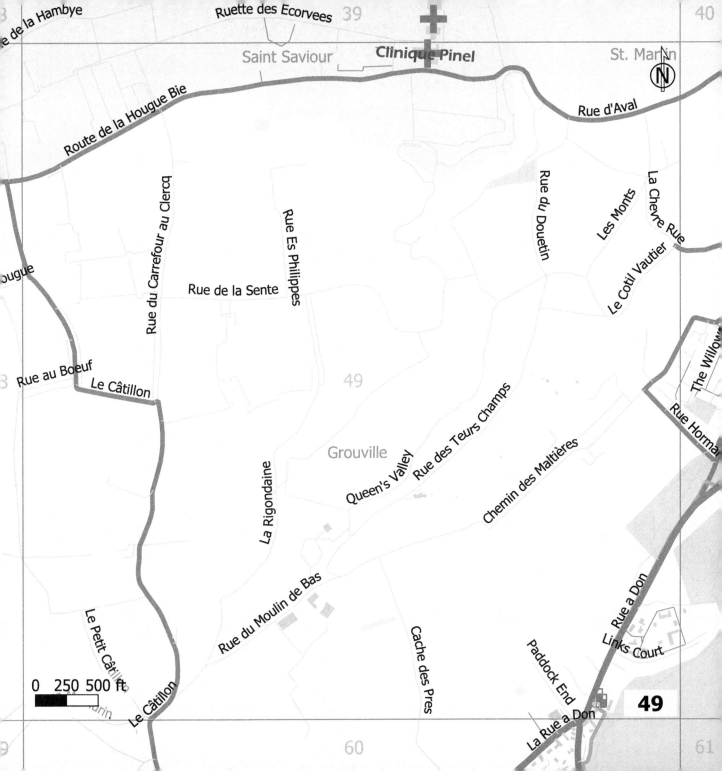

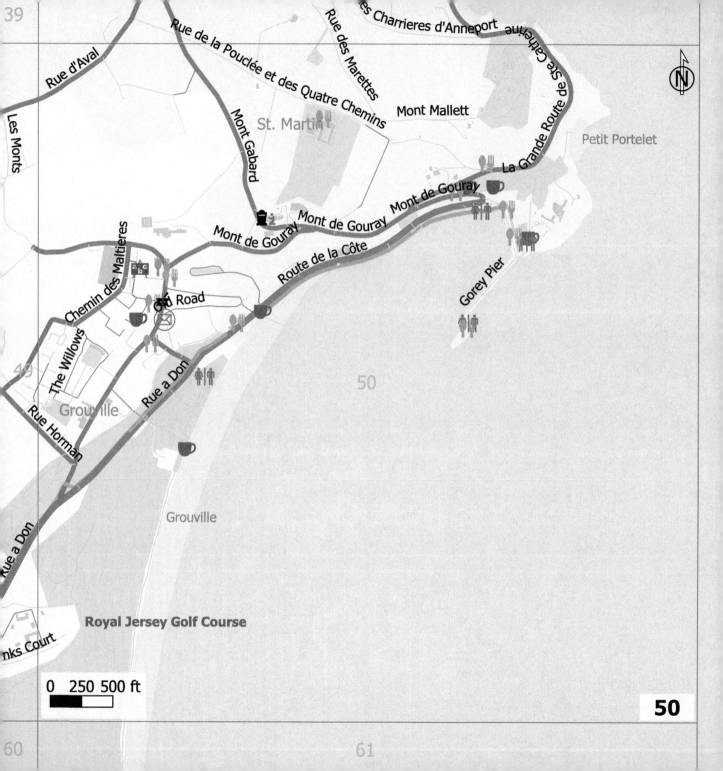

Rue d'Aval

Les Charrieres d'Anneport

Rue des Marettes

Rue de la Pouclée et des Quatre Chemins

Mont Mallett

Les Monts

St. Martin

Petit Portelet

Mont Gabard

La Grande Route de Ste Catherine

Mont de Gouray

Mont de Gouray

Mont de Gouray

Mont de Gouray

Chemin des Maltières

Route de la Côte

Gorey Pier

Old Road

The Willows

Rue Horman

Rue a Don

Grouville

50

Grouville

Rue a Don

Grouville

nks Court

Royal Jersey Golf Course

0   250 500 ft

Rue du Grouet

Corbière Railway Walk

Rue de la Corbière

Mont du Grouet

La Corbière Causeway

La Lande de L'Ouest

La Rosiere

0   250 500 ft

51

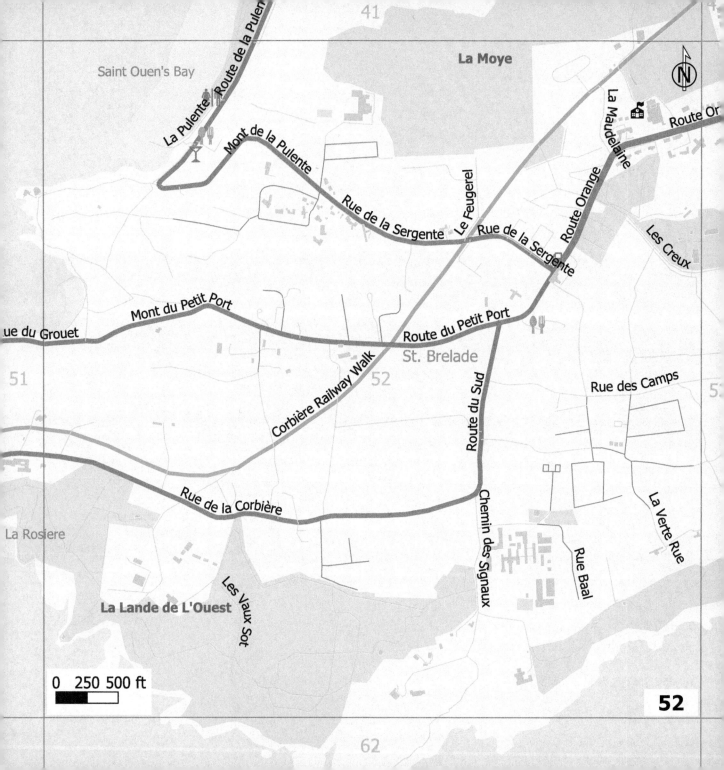

La Moye

Saint Ouen's Bay

La Maudelaine

Route Or

Route de la Pulente

La Pulente

Mont de la Pulente

Route Orange

Les Creux

Rue de la Sergente

Le Feugerel

Rue de la Sergente

Mont du Petit Port

ue du Grouet

Route du Petit Port

Corbière Railway Walk

St. Brelade

Rue des Camps

52

Route du Sud

Rue de la Corbière

La Rosiere

La Verte Rue

Chemin des Signaux

Rue Baal

Les Vaux Sot

La Lande de L'Ouest

0   250 500 ft

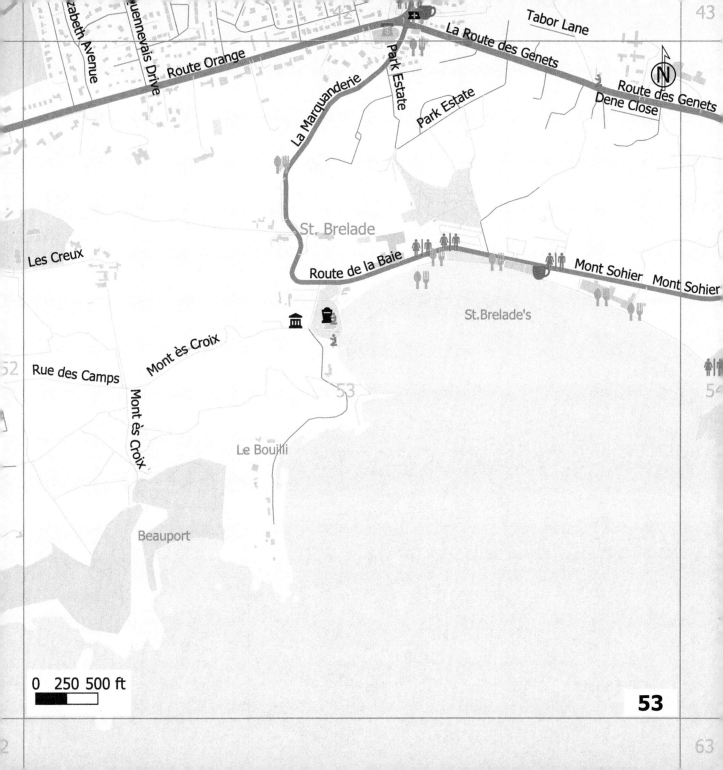

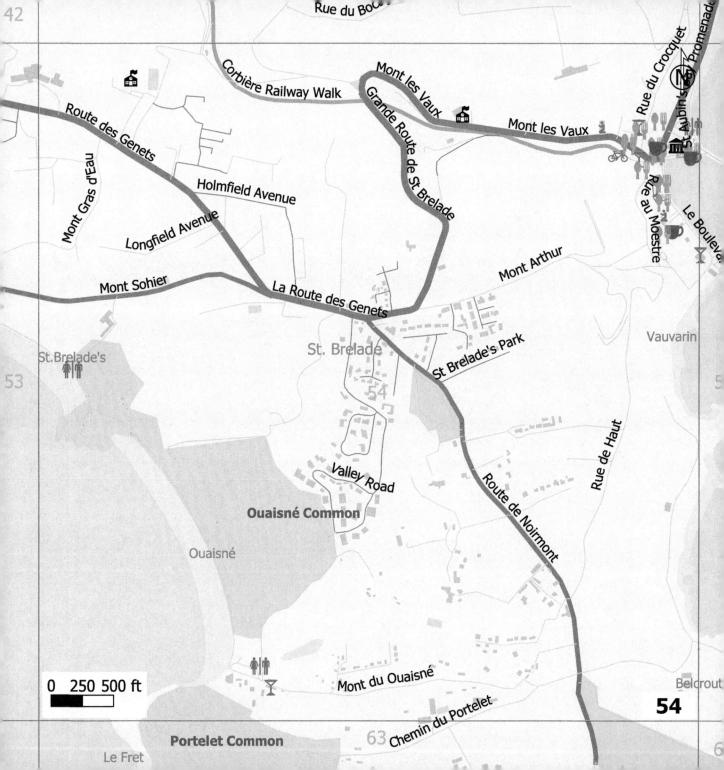

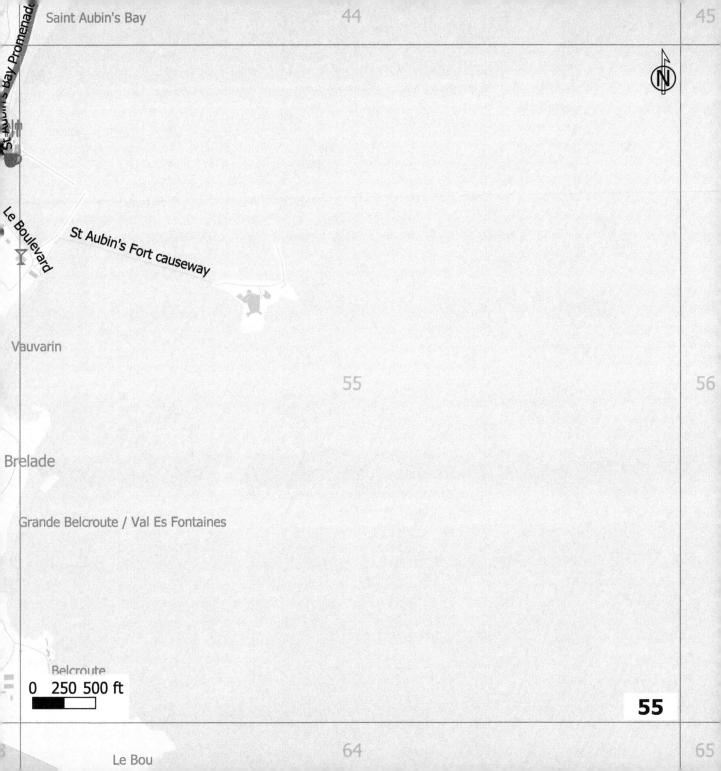

St Aubin's Bay Promenade

Le Boulevard

St Aubin's Fort causeway

Vauvarin

Brelade

Grande Belcroute / Val Es Fontaines

Belcroute

0   250 500 ft

55

Le Bou

Saint Aubin's Bay

Route de St. Aubin
Saint Aubin's Bay Promenade
Peirson Road
Lewis Street
Kensington Place
Elizabeth Lane
Elizabeth Place
Poonah Road
Clare Street
General Hospital
Cannon Street
Gloucester Street
Union Street
Great Union Road
Garden Lane
David Place
Apsley Road
Dorset
Rue de Funchal
Bath Street
Hilary Street
Seaton Place
Pitt Street
New Street
Don Street
Halkett Place
Queen Street
Payn Street
Esplanade
Commercial Street
Rue de l'Etau
King Street
Mulcaster Street
Route du Fort
Albert Pier
New North Quay
Cycle Route 1
Pier Road
Fort Regent Road
Glacis Field
Ramparts
Ramparts
Rue de l'Est
Regent Road
Exit
Rope Walk
Green Street
South Hill
Le Chemin du Château
Le Quai aux Marchands
Mount Bingham
Cycle Route 1
Havre des Pas
La Collette
Victoria Pier

0 250 500 ft

57

Rue du Boulivot

Le Grand Bourg

Rue du Val Poucin

Chemin du Radier

Rue du Boulivot

Charrière du Bourg

Rue Jutize

Cache Simonet

Route des Champs

Rue du Tapon

Rue Saint-Thomas

Mont es Neaux

Saint Saviour

Vingtaine de Petite Longueville

Radier Manor

Le Vier Mont

Chemin du Radier

Le Vier Mont

Rue du Boulivot

gueville Road

Longueville Road

Longueville Road

59

Avenue Le Bas

Rue Martel

Rue Grellier

Rue Sinnatt

Les Cabots

Rue à Don

Les Huriaux

Rue Soulas

Rue au Blancq

Rue Soulas

Les Huriaux

St. Clement's Golf Course

La Blinerie

Rue du Coin

St. Clement

Rue au Blancq

Rue au Blancq

Rue du Pignon

0   250 500 ft

La Blinerie

Rue au Seigneur

59

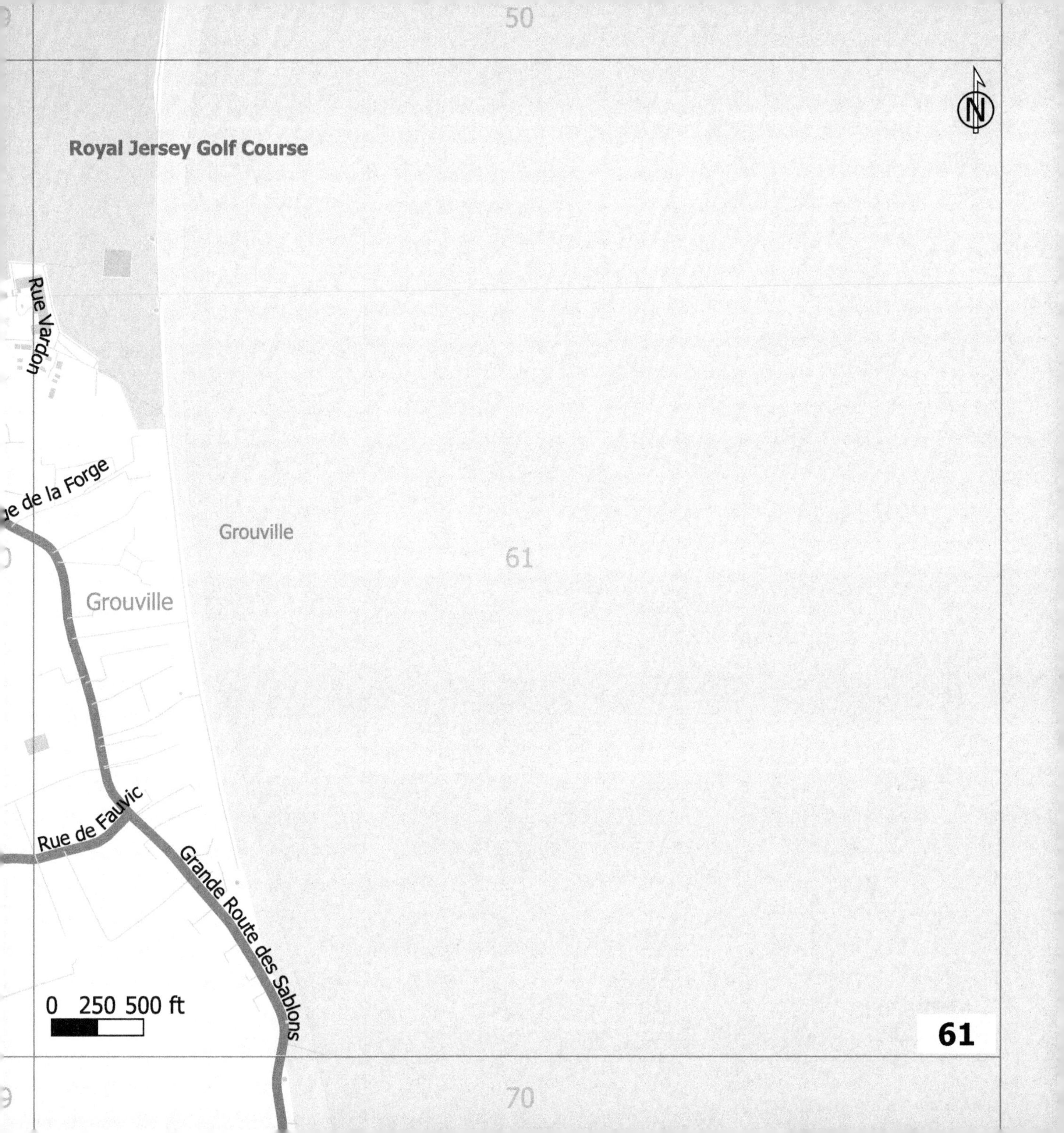

Royal Jersey Golf Course

Rue Vardon

ue de la Forge

Grouville

61

Grouville

Rue de Fauvic

Grande Route des Sablons

0   250 500 ft

62

0 250 500 ft

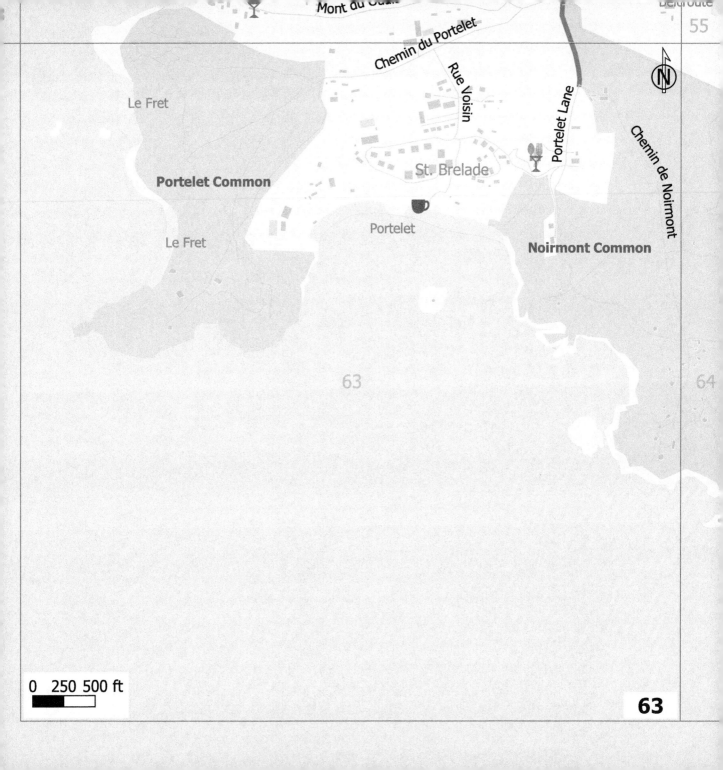

Mont du Coin

Chemin du Portelet

Rue Voisin

Portelet Lane

Chemin de Noirmont

Le Fret

Portelet Common

Le Fret

St. Brelade

Portelet

Noirmont Common

63

64

0   250 500 ft

Le Bou

Chemin de Noirmont

St. Brelade

Noirmont Common

Baie de la Vinde

0 250 500 ft

St. Helier

65

0   250 500 ft

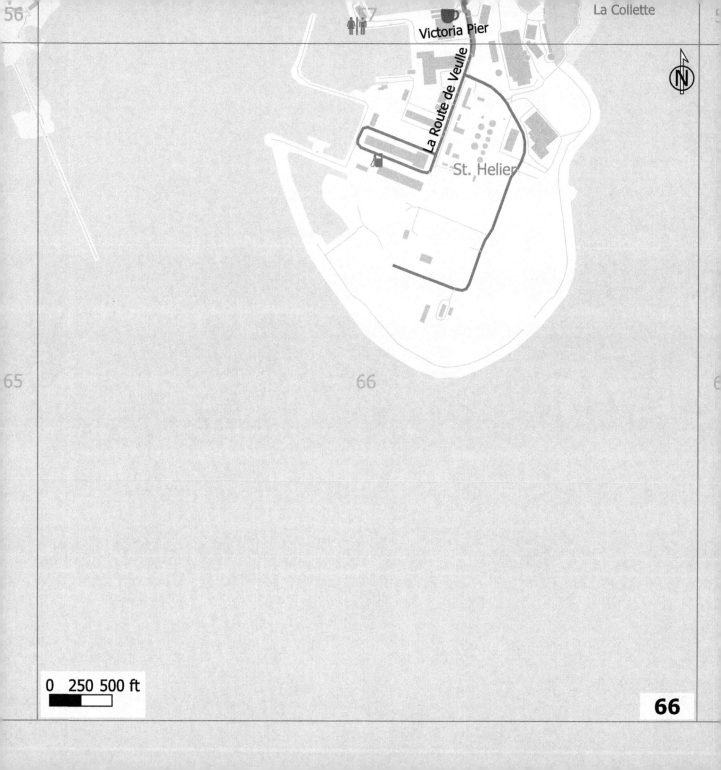

La Collette

Victoria Pier

La Route de Veulle

St. Helier

N

66

0   250 500 ft

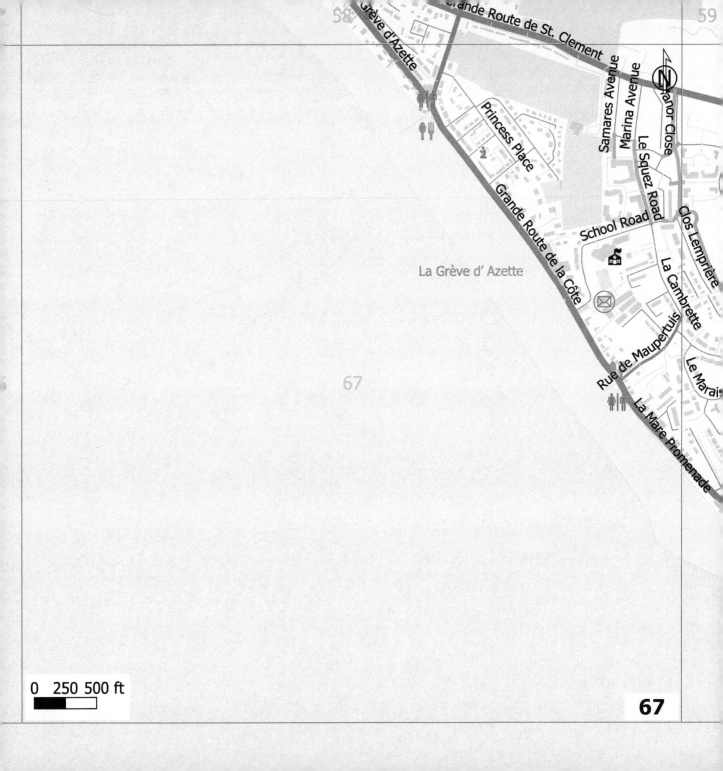

Grande Route de St. Clement

Grève d'Azette

Princess Place

Samares Avenue

Marina Avenue

Manor Close

Le Squez Road

Clos Lemprière

Grande Route de la Côte

School Road

La Cambrette

La Grève d' Azette

Rue de Maupertuis

Le Marais

La Mare Promenade

67

0 250 500 ft

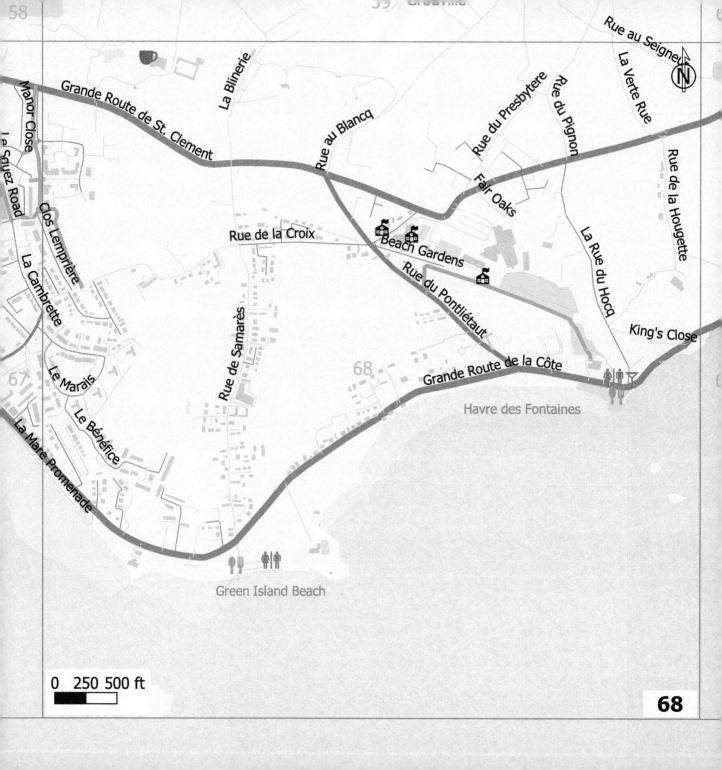

Grande Route de St. Clement

Manor Close

Le Squez Road

Clos Lemprière

La Cambrette

Le Marais

Le Bénéfice

La Mare Promenade

La Blinerie

Rue au Blancq

Rue de la Croix

Rue de Samarès

Rue du Presbytère

Rue du Pignon

Rue au Seigneur

La Verte Rue

Rue de la Hougette

Fair Oaks

Beach Gardens

Rue du Pontliétaut

La Rue du Hoca

King's Close

Grande Route de la Côte

Havre des Fontaines

Green Island Beach

67

68

0 250 500 ft

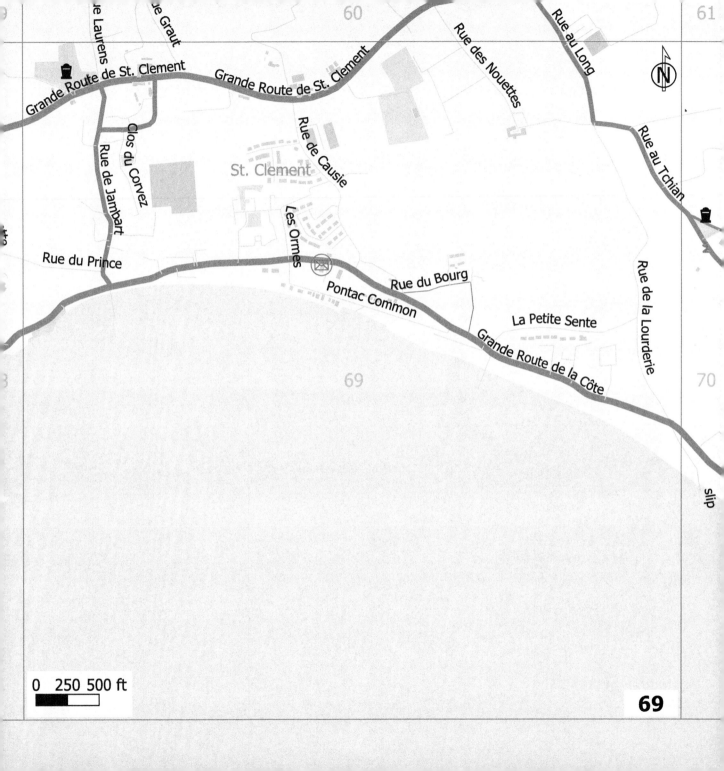

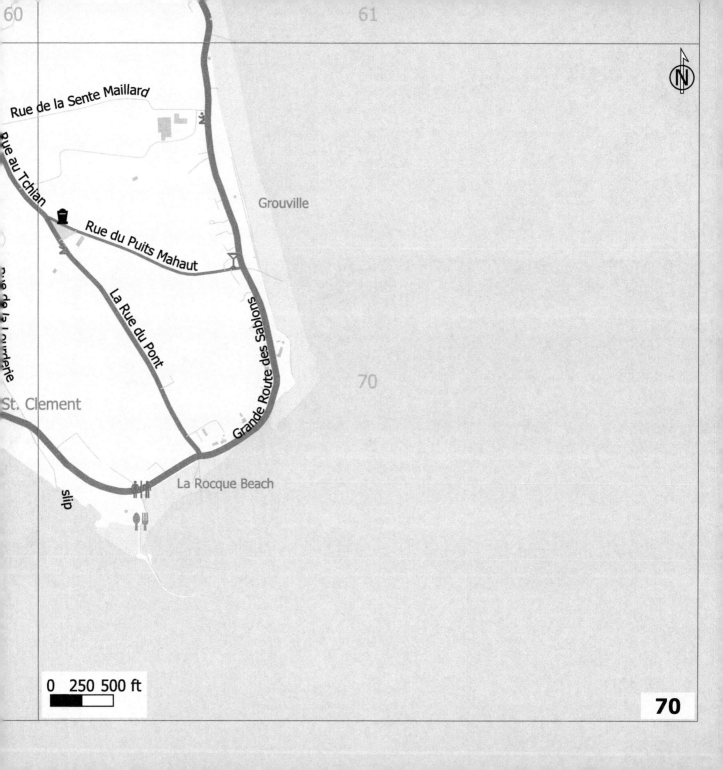

Rue de la Sente Maillard

Rue au Tchian

Grouville

Rue du Puits Mahaut

La Rue du Pont

Rue de la Loundarie

Grande Route des Sablons

St. Clement

70

slip

La Rocque Beach

0   250 500 ft

INDEX

Abbotsmount, 46
Aigue Marine Terrace, 46
Airport Road, 32, 33
Albert Pier, 57
Albert Place, 57
Albert Road, 58
Albert Street, 46
Allandale Avenue, 44
Almorah Crescent, 46
Ambassadeur Hotel, 67
Animals Shelter, 58
Anley Street, 57
Ann Place, 58
Ann Street, 58
Anne Port Bay, 40
Anthoine Mews, 38
Antoinette Gardens, 47
Apsley Road, 58
Aquila Road, 46, 57
Arnworth Avenue, 61
Arsenal, 35
Arsenal Estate, 59
Ashley Close, 47
Aubin Lane, 58
Aubin Mews, 38, 46
Avalon Park, 68
Avenue de la Commune, 33, 42, 43
Avenue de la Reine Elizabeth II, 33
Avenue du Petit Mont, 57
Avenue Le Bas, 59
Avenue Le Petit Felard, 45
Bagatelle Avenue, 47
Bagatelle Lane, 47, 58
Bagatelle Parade, 47

Bagatelle Road, 47, 58
Bagot Manor Court, 58
Bagot Road, 58
Balcon Terrace, 58
Balleine Close, 68
Balmoral Avenue, 68
Balmoral Drive, 47
Bath Street, 57, 58
Bay View, 61
Bay View Court, 46
Baycroft Close, 68
BBC Jersey, 46
Beach Crescent, 58
Beach Gardens, 68
Beach Road, 50, 58
Beau Pre Ct, 47
Beau Vallon Gardens, 47
Beaufort Square, 58
Beaulieu, 58
Beaulieu Park, 58
Beauport Estate, 54
Beechfield House, 37
Beechfield Lane, 37
Bel Air Lane, 47
Bel Royal Court, 45
Bel Royal Gardens, 44, 45
Belle Hougue Avenue, 61
Belle Vue Court, 59
Bellozane Avenue, 46
Bellozane Valley, 36, 46
Bellozanne Road, 46
Belmont Place, 58
Belmont Road, 58
Belvedere Drive, 58
Belvedere Hill, 58
Belvedere terrace, 48
Beresford Street, 57, 58
Berkeley Court, 58
Bingham Court, 57

Birches Avenue, 47
BLa Belle Vue, 42
Blanc Mondin, 58
Blanche Place, 47
Blenheim Avenue, 58
Bond Street, 57
Boulevard Avenue, 45
Boulivot de Haut, 48, 59
Bradford Ave, 42, 53
Brighton Close, 46
Brighton Lane, 46
Brighton Road, 46
Britannia Place, 58
Broad Street, 57
Broadlands, 68
Broadway, 42
Brook Street, 57
Brookhall, 58
Brooklyn Street, 58
Burrard Place, 57
Burrard Street, 57
Byron Lane, 47
Byron Road, 47, 58
Cache de l'Église, 22
Cache de Neuf Tours, 11
Cache des Pres, 49, 60
Cache ès Fresnes, 22
Cache Simonet, 59
Caledonia Place, 57
Cannon Street, 57
Cap Verd, 34
Castle Street, 57
Cattle Street, 57
Causie Drive, 69
Cedar Grove, 38
Cedar Valley, 30
Champ de l'Ouest, 45
Champ des Fleurs, 70
Chant de la Mer, 61
Chapel Lane, 58
Charing Cross, 54, 57

Charles Street, 58
Charrière du Bourg, 59
Charriere Es Payn, 69
Charrière Huet, 11
Charrières à Sablon, 21
Charrières de Bonne Nuit, 6, 7
Charrières du Boulay, 16
Chaseville Court, 54
Chasse Brunet, 47
Chasse des Demoiselles Bandinel, 29
Chasse du Mourin, 38
Chasse du Près, 60
Chasse Mallet, 39, 40
Cheapside, 57
Chemin au Grèves, 60, 61
Chemin d'Auvergne, 22
Chemin de Belcroute, 54, 55
Chemin de Gargate, 33, 34
Chemin de Hérupe, 15, 26
Chemin de la Belle Hougue, 8
Chemin de la Brecquette, 9, 10
Chemin de la Commune du Fief du Lecq, 3, 11
Chemin de la Ville Abel, 21, 22
Chemin de l'Amiral, 22
Chemin de l'Église, 11, 12, 22, 23
Chemin de l'Etocquet, 10
Chemin de L'Ouziere, 21
Chemin de Morville, 10

Chemin de Noirmont, 63, 64
Chemin de Voisine, 53
Chemin des Basses Mielles, 41, 42
Chemin des Bruleries, 42
Chemin des Garennes, 11
Chemin des Hativeaux, 21, 31
Chemin des Hougues, 4, 5
Chemin des Landes, 9
Chemin des Maltieres, 49, 50
Chemin des Maltières, 49
Chemin des Mielles, 21
Chemin des Monts, 21
Chemin des Moulins, 25, 35, 45
Chemin des Pietons de l'Eglise, 22
Chemin des Signaux, 52
Chemin des Soudards, 22
Chemin d'Olivet, 16
Chemin du Câtel, 1, 11, 12
Chemin du Chateau, 1
Chemin du Cimetière, 42
Chemin du Guet, 18
Chemin du Mont de la Mare, 32
Chemin du Moulin, 21
Chemin du Parcq, 11
Chemin du Petit Port, 52
Chemin du Portelet, 54, 63
Chemin du Radier, 59

Chemin du Vau a Charriere, 22, 31, 32
Cherry Lodge, 47
Chestnut Avenue, 38
Chevalier Road, 58
Cheve Rue, 24
Church Street, 57
Clairvale Road, 46
Clare Street, 57
Claremont Avenue, 58
Claremont Road, 58
Clarence Road, 58
Clarendon Road, 46
Clarke Avenue, 46
Clarkson House, 45
Clay Pigeon Shooting, 3
Clearview Street, 46
Cleveland, 68
Cleveland Avenue, 58
Cleveland Road, 58
Cliff Court, 45
Clifton Place, 33
Clos Alexandra, 24
Clos d'Atlantique, 52
Clos d'Avoine, 52
Clos de Balmain, 46
Clos de Bauche, 44
Clos de Carrel, 42
Clos de Devant, 24
Clos de Fromentel, 68
Clos de Hors, 68
Clos de la Bataille, 59
Clos de la Blinerie, 59, 68
Clos de la Bretonnerie, 24
Clos de la Chappelle, 24
Clos de la Chaumiere, 26
Clos de la Colonie, 68
Clos de la Croute, 22
Clos de la Fontaine, 33

Clos de la Fosse au Bois, 11
Clos de la Gallierie, 29
Clos de la Manche, 46
Clos de la Mare, 68
Clos de la Marquanderie, 53
Clos de la Mer, 70
Clos de la Molleterie, 58
Clos de la Motte, 68
Clos de la Porte, 26
Clos de la Vallee, 44
Clos de l'Abri, 68
Clos de l'Ancienne Forge, 12
Clos de l'École, 14
Clos de Longueville, 59
Clos de l'Oremel, 59
Clos de Mahaut, 22
Clos de Maitland, 68
Clos de Paradis, 46
Clos de Petit Bois, 42
Clos de Rocqueberg, 68
Clos de Roncier, 59, 60
Clos de Sargeant, 50
Clos d'Edouard, 58
Clos des Arbres, 29, 39
Clos des Blanches, 67
Clos des Charmes, 32, 33
Clos des Foyer, 68
Clos des Papillons, 22
Clos des Pas, 57
Clos des Patelles, 68
Clos des Pierres, 68
Clos des Raisies, 29
Clos des Ruelles, 22
Clos des Ruettes, 15
Clos du Bas, 44, 46
Clos du Briard, 46
Clos du Corvez, 69
Clos du Feuvre, 38

Clos du Fond, 68
Clos du Fort, 57
Clos du Parcq, 46
Clos du Roncherez, 42
Clos du Ruisseau, 38
Clos du Val, 44
Clos du Verger, 54
Clos Fauvic, 61
Clos Fondain, 68
Clos le Ruez, 33
Clos Lemprière, 67, 68
Clos Marguerite, 58
Clos Morel, 11
Clos Paumelle, 47, 48
Clos Philippe, 58
Clos Royale, 60
Clos Sara, 25
Clubley Estate, 46
Coastlands Avenue, 58, 67
Coie Lane, 58
Collections, 57
College Hill, 58
College Lane, 58
Colomberie Arcade, 58
Colomberie Close, 58
Columbus Street, 46
Commercial Buildings, 57
Commercial Parking, 57
Commercial Street, 57
Common Lane, 58
Conway Street, 57
Cooke's Rose Farm, 24
Corbiere Railway Walk, 42, 54
Corbière Railway Walk, 41, 42, 43, 51, 52, 54
Country Club Apartments, 58
Court Drive, 44

Cowdray Drive, 54
Craig Street, 57
Craigard Flats, 46
Croix Besnard, 47
Cross Street, 57
Croydon Lane, 58
Croydon Road, 58
Croydon Terrace, 46
Curch Lane, 29
Cutty Sark, 31
Cycle Route 1, 57, 58, 66
Cycle track, 54
D'Auvergne Lane, 58
David Place, 46, 57, 58
De Quetteville Court, 58
Deloraine Close, 47
Deloraine Road, 47
Dene Close, 53
Devon Avenue, 58
Devonshire Lane, 57
Devonshire Place, 57
Dicq Road, 58
Dicq Slipway, 58
Divan Lane, 57
Domaine des Vaux, 35
Don Close, 58
Don Farm, 42
Don Road, 58
Don Street, 57
Dongola Road, 47
Dorset Lane, 46
Dorset Mews, 46
Dorset Street, 46
Douro Terrace, 58
Drury Lane, 46, 47
Duhamel Lane, 57
Duhamel Place, 57
Duhamel Street, 57
Dumaresq Lane, 57
Dumaresq Street, 57
Dunedin Farm, 46

Dunell Road, 58
East Lynne, 61
Easton Close, 47
Eden Lane, 13
EFW Plant, 66
Elizabeth Avenue, 42, 53
Elizabeth Close, 42, 53
Elizabeth Lane, 46, 57
Elizabeth Place, 46, 57
Elizabeth Street, 58
Ellora Estate, 46
Entrance, 57, 58
Ernest Watson Close, 67
Escalator to Fort Regent,
   57
Esplanade, 57
Esplanade underpass
   connecting tunnel, 57
Eureka Avenue, 67
Exit, 57, 58
Fair Oaks, 68
Fairfield Avenue, 46
Farley's Lane, 45
Fauxbie Terrace, 47
Fern Valley, 35, 36
Fernlea, 60
Fishermen's Slipway, 66
Florence Boot Cottages,
   67
Fort Regent Road, 57
Fort William, 50
Fosse à l'Écrivain, 38
Fosse Buesnel, 21
Fosse Tauraude, 22
Fountain Lane, 58
Fraide Rue, 25
Frances Le Sueur Centre,
   21
Francis Street, 58
Freeley Lane, 46
French Lane, 57

Fresh Springs, 7
Frogmore Villas, 47
Gainsborough Close, 38
Garden Lane, 46, 57
Gas Place, 58
Georgetown Park Estate,
   58
Georgetown Road, 58
Glacis Field, 57
Glendale Avenue, 68
Gloster Terrace, 46
Gloucester Street, 57
Gordon Le Breton Close,
   58
Gorey Pier, 50
Gorey Pier Slipway, 50
Gorey Promenade, 50
Gorey Village Main
   Road, 50
Government House, 47
Grainville Court, 47
Grande Route de
   Faldouet, 39, 40
Grande Route de la
   Côte, 67, 68, 69
Grande Route de Rozel,
   18, 29, 39
Grande Route de St
   Brelade, 54
Grande Route de St
   Laurent, 25
Grande Route de St
   Martin, 38, 48
Grande Route de St
   Ouen, 22
Grande Route de St
   Pierre, 22, 23, 33
Grande Route de St.
   Clement, 58, 60, 67,
   68, 69

Grande Route de St.
   Jean, 15, 26, 36, 46
Grande Route de St.
   Laurent, 14, 25, 35
Grande Route de St.
   Martin, 38, 39
Grande Route des
   Augerez, 23, 33
Grande Route des
   Mielles, 21, 31, 41
Grande Route des
   Sablons, 60, 61, 69, 70
Grande Route du Mont à
   l'Abbé, 36, 46
Grande Rue, 4, 5, 12, 13
Grands Vaux, 37, 47
Grange Court, 47
Great Union Road, 46,
   57
Great Union Street, 57
Green Haven, 38
Green Island, 68
Green Road, 58
Green Street, 57, 58
Green Street Carpark, 58
Green Street Cemetery,
   58
Green Street
   Roundabout, 57
Greenacres Farm, 36
Greenvale, 42
Greenwood Terrace, 57
Grenville Street, 58
Grève d'Azette, 58, 67
Grève d'Azette Gardens,
   67
Grosvenor Street, 58
Grouville Common Path,
   49, 50, 60
Grouville Park, 60
Grove Street, 57

Gunsite Slip, 44
Halkett Place, 57
Halkett Street, 57
Hameau de la Mer, 69
Hamlet Lane, 39
Hampshire Court, 47
Hampshire Gardens, 57
Hangar Lane, 42
Hansford Lane, 45
Hastings Lane, 58
Hastings Road, 58
Hautbois Gardens, 45, 46
Hautmont, 58
Havre des Pas, 57, 58
Havre des Pas Gardens, 57
High View Road, 54
Highfield, 37, 38
Highfield Estate, 36
Highfield Lane, 37
Highlands Lane, 47
Highview Lane, 46
Hilary Street, 58
Hilgrove Street, 57, 58
Hill Crest Avenue, 46
Hill Street, 57
Hillgrove Estate, 45
Hillside Court, 46
Hirondelle, 36
Holmfield Avenue, 54
Holmfield Drive, 54
Hope Street, 57
Hospital Staff parking, 57
Hotel de France, 47
Hotel Gardens, 18
Howard David Park Slip Lane, 58
Howard Davis Mews, 58
Hue Street, 57

Hurel Mews, 46
Ingouville Lane, 58
Ingouville Place, 58
Isla Avenue, 47
Ivystill Lane, 58
Jack Counter Close, 45
James Road, 58
Janvrin Road, 47
Janvrin School, 46
Jardin de la Blinerie, 59
Jardin de la Chapelle, 54
Jardin de la Mare, 49, 60
Jardin de la Reine, 39
Jardin des Carreaux, 46
Jardin du Crocquet, 54
Jardin du Hogard, 38
Jardins de la Mer Cycle Path, 57
JEC, 57, 66
Jersey Water, 37, 46, 47
John Le Quesne Close, 67
John Wesley Appts, 57
Journeaux Street, 57
Keith Baal Gardens, 58
Kensington Place, 57
Kensington Street, 57
Kew Gardens, 47
Kimberley, 45
King George V Homes, 46
King Street, 57
King's Close, 68
Kings View, 46
Kingsley Avenue, 67
Kinkaid Gardens, 45
La Becterie, 29
La Belle Vallette, 49
La Belle Vue, 42
La Blanche Pierre, 68
La Blinerie, 58, 59, 68

La Brecque du Nord, 18
La Brecque du Sud, 18
La Cache, 4, 12
La Cache des Sablons, 60
La Cache du Bourg, 69
La Cache Pallot, 50
La Cambrette, 67, 68
La Carriere, 47
La Charrière, 12
La Charriere au Long, 69, 70
La Charrière Cappelain, 9
La Chasse, 11, 57, 58
La Chasse du Mourin, 38
La Chasse Gardens, 47
La Chaumiere de l'Orme, 59
La Chemin du Portelet, 63
La Chevre Rue, 49, 50
La Cloche Mews, 38
La Cloture, 38, 53
La Colomberie, 57, 58
La Commune, 37
La Commune de Fauvic, 61
La Commune des Meleches, 36, 46
La Corbière Causeway, 51
La Courte Piece, 52
La Croiserie, 11
La Croix, 60
La Croix Crescent, 60
La Croix de Bas, 47
La Dimerie, 23
La Falaise, 52
La Ferme, 17
La Fredee Lane, 36
La Frougaise, 39

La Grande Charrière, 67
La Grande Maison Slip, 30
La Grande Mielle, 61
La Grande Pièce, 33
La Grande Pouclée, 46
La Grande Route de Saint Jean, 15
La Grande Route de Saint Ouen, 22
La Grande Route de St Brelade, 54
La Grande Route de St Pierre, 33
La Grande Route de St. Martin, 47, 48
La Grande Route de Ste Catherine, 40, 50
La Greve de Lecq, 3
La Grève de Lecq, 3, 11
La Haule Slip, 44
La Hougue, 48, 49
La Hougue Avenue, 36
La Hougue Mauger, 12
La Hurette, 52
La Lienee, 42
La Longe Rue, 39
La Longue Rue, 24
La Maison de Haut, 42
La Maison du Theatre, 58
La Mare Promenade, 67, 68
La Mare Slip, 67
La Marquanderie, 42, 53
La Maudelaine, 52
La Mielle du Parcq, 61
La Montee des Greves, 50
La Motte Street, 57, 58
La Nethe Rue, 2

La Neuve Route, 23, 26, 44, 54, 55

La Petite Fosse, 22

La Petite Piece, 33

La Petite Pre, 58

La Petite Rue, 2, 11

La Petite Rue des Fosses, 33

La Petite Rue du Val Plaisant, 47

La Petite Ruette, 42, 53

La Petite Sente, 69

La Pièce Mauger, 28

La Place Labey, 50

La Place Le Couteur, 50

La Place Nicolle, 58

La Place Noel, 50

La Platte Mare, 67

La Pointe, 58

La Pommeraie Close, 47

La Pouquelaye, 46

La Profonde Rue, 27, 28

La Providence, 44

La Pulente, 52

La Quatrieme, 36

La Raccourche, 58

La Retraite, 46

La Rigondaine, 49

La Ronche, 10, 11

La Ronde Avenue, 67

La Ronde Cotte, 10

La Roseraie, 58

La Route d'Anne Port, 40

La Route de La Liberation, 57

La Route de la Vallée, 23

La Route de Plémont, 2

La Route de St Aubin, 44

La Route de Ste Catherine, 30, 40

La Route de Ste Marie, 12

La Route de Veulle, 57, 66

La Route des Côtils, 60

La Route des Genets, 42, 53, 54

La Route des Havres, 9

La Route des Hêtres, 23

La Route du Fort, 57, 58

La Route du Moulin, 32

La Route du Port, 31, 32

La Route du Port Elizabeth, 57

La Route le Brun, 40

La Rue, 24, 25

La Rue a Don, 60

La Rue à Don, 60

La Rue à la Dame, 37, 47

La Rue Bechervaise, 23, 24

La Rue Blouin, 13

La Rue Coutanche, 15

La Rue de Flicquet, 30

La Rue de la Bergerie, 16

La Rue de la Caroline, 23

La Rue de la Commune, 48

La Rue de la Fontaine St Martin, 24, 25

La Rue de la Hougue Mauger, 12

La Rue de la Lande, 6

La Rue de la Perruque, 30

La Rue de la Pointe, 1, 2

La Rue de la Poterie, 49, 50

La Rue de la Rosiere, 12

La Rue de la Ville es Renauds, 60

La Rue de la Ville ès Renauds, 60

La Rue de L'Etau, 57

La Rue de l'Etocquet, 10, 11

La Rue de l'Hermite, 33

La Rue de Petit Aleval, 24

La Rue de St. Clement, 33

La Rue de Trachy, 45

La Rue des Buttes, 12, 13

La Rue des Chataignieres, 15

La Rue des Côtils, 36

La Rue des Faunois, 42

La Rue des Fontonelles, 18, 19

La Rue des Mares, 29, 30

La Rue des Peupliers, 26

La Rue du Belin, 29, 30

La Rue du Bouillon, 15

La Rue du Cerf, 13

La Rue du Cimetière, 42

La Rue du Craslin, 44

La Rue du Douaire, 13

La Rue du Hocq, 68

La Rue du Maistre, 13, 23, 24

La Rue du Mont Capel, 11

La Rue du Mont Pellier, 16, 27

La Rue du Moulin, 47, 48

La Rue du Moulin du Ponterrin, 37

La Rue du Parcq Melbourne, 14

La Rue du Pont, 70

La Rue du Scez, 19, 30

La Rue du Temple, 14

La Rue du Val du Mare de la Sud, 32, 42

La Rue du Villot, 30

La Rue ès Viberts, 12, 23

La Rue Gallie, 38

La Rue Gosset, 66

La Rue l'Aleval, 23, 24

La Rue Le Masurier, 47, 58

La Rue Matthew Valpy, 66

La Rue Monsieur, 49

La Rue Philippe Durell, 66

La Rue Platte Raie, 10

La Rue Vaudin, 38

La Ruelle, 25

La Ruelle Corbel, 44

La Ruelle du Clos du Parcq, 54

La Ruelle du Marais, 44

La Ruette, 10, 13, 24, 25

La Ruette de Coin Varin, 34

La Ruette de David, 58

La Ruette de Graut, 10

La Ruette de la Ville es Gaudins, 39

La Ruette des Champs, 59

La Ruette des Ecorvees, 39, 49

La Ruette Park, 59

La Ruette Ponterrin, 38

La Saline, 9

La Selliere, 68

La Sente Bree, 50

La Sente des Fonds, 60

La Sordonniere, 68

La Vallée de St Pierre, 23, 33, 34, 44
La Vallette - NT(J), 7
La Venelle Ruequal, 50
La Verte Charriere, 31, 32
La Verte Rue, 9, 12, 13, 16, 24, 27, 29, 33, 35, 37, 39, 52, 59, 68
La Vieille Charriere, 40
La Vieille Charrière, 16
La Vieille Rue, 48
La Ville Au Roi, 45
La Ville de la Croix, 11, 22
La Ville des Marettes, 22
La Ville du Bocage, 33
La Ville L'Eglise, 33
La Ville Machon, 17
La Ville Vautier, 10
L'Amy Retrait, 69
Lande a Geon, 44
Landfield Drive, 58
Landscape Grove, 45
Langley Avenue, 47
Langley Park, 47
Langtry Gdns, 47
Lavender Villa, 49
L'Avenue de la Reine Elizabeth II, 33
L'Avenue et Dolmen du Pré des Lumières, 58
Le Becquet, 17, 28
Le Bel au Roi, 50
Le Bel Collas, 50
Le Bel de Gruchy, 58
Le Bel de la Haye, 49, 50
Le Bel Estur, 58
Le Bel Gabart, 49
Le Bel Gaudin, 50, 58
Le Bel Godfray, 38

Le Bel Mallet, 58
Le Bel Mourant, 38
Le Bel Nicolle, 38
Le Bel Perree, 58
Le Bel Vaudin, 58
Le Bénéfice, 68
Le Bernage, 59
Le Boulevard, 54, 55
Le Boulivot de Bas, 48, 59
Le Bourg Slip, 69
Le Braye, 41
Le Breton Lane, 58
Le Bu de la Rue, 35, 36
Le Canibut, 5
Le Catelet, 13
Le Câtillon, 48, 49
Le Champ de la Grande Lande, 52
Le Champ du Passage, 68
Le Champ Pres de L Eglise, 52
Le Chemin de la Corbière, 51
Le Chemin des Montagnes, 34
Le Chemin des Pietons, 54
Le Chemin du Bel, 57
Le Chemin du Câtel, 11
Le Chemin du Château, 57
Le Chemin du Prieur, 11
Le Clos de Badier, 38
Le Clos de Carrel, 42
Le Clos de Debenaire, 46
Le Clos de Derriere, 69
Le Clos de Gourey, 50
Le Clos de Hamptonne, 35

Le Clos de la Bataille, 59
Le Clos De La Gare, 52
Le Clos de la Rocque, 70
Le Clos de la Tour, 70
Le Clos de L'Eglise, 60
Le Clos de Maupertuis, 67, 68
Le Clos de Monique, 68
Le Clos de Noirmont, 54
Le Clos de Petit Felard, 45
Le Clos de Quennevais, 42
Le Clos de Saint-Sampson, 42
Le Clos des Fonds, 60
Le Clos des Mielles, 42
Le Clos des Ormes, 35
Le Clos des Sables, 42, 53
Le Clos Don, 42
Le Clos du Bourg, 69
Le Clos du Golf, 61
Le Clos du Hambye, 49
Le Clos du Manoir, 67
Le Clos du Martin, 46
Le Clos du Mont, 46
Le Clos du Mont Arthur, 54
Le Clos du Petit Pont, 44
Le Clos du Port, 70
Le Clos du Pressoir, 49
Le Clos du Puits, 42
Le Clos du Rivage, 50
Le Clos du Rosiers, 68
Le Clos Emma, 42
Le Clos Gosset, 58
Le Clos Horrell, 22
Le Clos Jade, 42
Le Clos Langtry, 47
Le Clos Lauren, 42

Le Clos Le Breton, 47
Le Clos Le Geyt, 47
Le Clos Malershe, 58
Le Clos Mallet, 70
Le Clos Orange, 52
Le Clos Saut Falluet, 42
Le Clos Shannon, 42
Le Clos St Andre, 45
Le Clos Stolte, 48
Le Clos Vaze, 46
Le Close de la Serre, 68
Le Coie, 47
Le Coin, 33
Le Coin du Boulivot, 48
Le Cointin, 10
Le Cotil de Haute-Clair, 46
Le Cotil Vautier, 49
Le Court Clos, 39
Le Dicq Slip, 58
Le Douet, 11
Le Douet de St.Croix, 45, 46
Le Dredillet, 44
Le Feugerel, 34, 52
Le Geyt Road, 47
Le Geyt Street, 57
Le Grand Bourg, 59
Le Grand Chêne, 49
Le Grand Clos, 16, 46
Le Grand Cotil, 16, 30
Le Grand Pre, 69
Le Grouet, 51
Le Hameau des Ecorvees, 39, 49
Le Hocq Slip, 68
Le Huquet, 14, 15
Le Hurel, 10, 12, 46
Le Hurel slip, 61, 70
Le Jardin d'Abbeville, 70
Le Jardin de Causie, 69

Le Jardin de Devant, 60
Le Jardin de la Fontaine, 38
Le Jardin de la Hauteur, 36, 37
Le Jardin de la Rai, 47
Le Jardin de la Rue, 11, 22
Le Jardin de l'Est, 69
Le Jardin des Sablons, 61
Le Jardin du Brouillard, 39
Le Jardin du Mourin, 38
Le Jardin du Soleil, 58
Le Marais, 67, 68
Le Mielle Clement, 42
Le Mont, 10
Le Mont au Guet, 32
Le Mont Cantel - Rocquemont and Rocqueville, 46, 47
Le Mont de la Fredee, 36
Le Mont de la Mare Ste Catherine, 40
Le Mont de la Rocque Est., 43
Le Mont de l'Ecole, 24
Le Mont de l'École, 33
Le Mont des Charrières, 23
Le Mont des Ormes, 30
Le Mont des Routeurs, 23
Le Mont des Ruelles, 24, 33, 34
Le Mont du Vallette, 9
Le Mont Sohier, 38, 47, 48
Le Parc du Pont Marquet, 42
Le Parcq du Rivage, 44

Le Passage, 17, 24, 25
Le Passage Danby, 49
Le Passage de l'Hospital, 49
Le Passage Gosset, 57
Le Petit Bourg, 48, 49, 59
Le Petit Câtillon, 48, 49
Le Petit Clos, 46
Le Petit Haguais, 68
Le Petit Pont Marquet, 42
Le Petit Ponterrin, 38
Le Pied du Cotil, 45
Le Pied du Côtil, 45
Le Pissot, 24
Le Pont Clos, 68
Le Port, 31
Le Pre Cadoret, 45
Le Pre du Roi, 69
Le Pulec, 9
Le Pulec Slip, 9
Le Quai aux Marchands, 57
Le Quai Bisson, 54
Le Quai d'Auvergne, 66
Le Rivolu, 30
Le Rond Collas, 29, 39
Le Squez Road, 67
Le Val es Reux, 21
Le Vallée de Bas, 23
Le Vau Torque, 54
Le Vert Chemin, 36
Le Vier Mont, 10, 59
Le Vieux Chemin, 69
Le Vieux Mont Cochon, 45
Leamington Court, 46
L'Ecriviere, 39
Lemprière Mews, 38
Lempriere Street, 57

Lemprière Street, 57
L'entree Aux Serres, 58
Les Ametots, 47
Les Anciennes Charrières, 7, 15
Les Anquetils, 67
Les Burons, 39
Les Cabots, 59
Les Caches des Marais, 11, 22
Les Champs Park Estate, 45
Les Chanolles des Six Rues, 24
Les Charrières, 22
Les Charrieres d'Anneport, 40
Les Charrières Malorey, 34
Les Charrieres Nicolle, 25
Les Chasses, 13, 14
Les Chenolles, 12, 14, 15, 23
Les Cinq Chenes, 48
Les Cinq Chênes, 48
Les Cloches, 67
Les Creux, 52, 53
Les Croix, 16
Les Dirouilles, 39
Les Doubles Caches, 10
Les Fonds de Longueville, 59
Les Fourneaux Estate, 52
Les Gellettes, 34
Les Grands Vaux, 47
Les Grupieaux, 34, 44
Les Houguais, 39
Les Hommets, 49, 50
Les Huriaux, 59

Les Jardins de la Chapelle, 59
Les Landes Avenue, 54
Les Laveurs, 20
Les Marais Avenue, 44
Les Monts, 32, 49
Les Nouvelles Charrières, 7
Les Ormes, 42, 69
Les Parquets, 38
Les Petites Rues, 35
Les Petits Hoummets, 50
Les Petits Sablons, 61
Les Pommiers, 46
Les Quennevais Park, 42
Les Ronces, 58
Les Routeurs, 38, 48
Les Ruelles, 22
Les Ruettes, 10, 22, 37, 38, 39
Les Ruisseaux, 37, 47
Les Ruisseaux Estate, 54
Les Serres, 58
Les Tuiles, 14
Les Varines, 47, 58
Les Vaux New Rd, 47
Les Vaux Sot, 52
Les Vieilles Charrières, 16
Lewis Street, 57
L'Hermitage, 44
Liberation Square, 57
Library Place, 57
Lifeboat launchway, 30
Limpet Lane, 50
L'Industrie, 68
Link Rd, 45
Links Court, 49, 50
Links Estate, 49, 50
Little Orchard, 45

Little Sunshine Avenue, 47
Longfield Avenue, 54
Longueville Farm Driveway, 59
Longueville Golf Range, 58
Longueville Manor, 59
Longueville Road, 58, 59
L'Ouziere, 31
Lower King's Cliff, 46
Lowlands, 68
Magnolia Apartments, 45
Magnolia Farm, 6, 14
Magnolia Gardens, 45
Mahara Mews, 46
Mainland Villa Driveway, 44
Maison Belleville, 47, 58
Maison de la Croute, 52
Maison des Pres, 58
Maison Le Marquand, 33
Maison St Louis, 47
Maison St.Louis, 47
Manor Close, 67
Manor Court, 46
Manor Park Road, 46
Marett Court, 57, 58
Marett Road, 58
Marina Avenue, 67
Market Street, 57
Mary Street, 58
Mashobra Park, 46
Maufant Lodge, 38
Maufant Mews, 38
Mayfield Avenue, 42
McQuaig's Quarry, 6
Meadow Park, 58
Meadow View Court, 44

Messervy Mews, 38
Metivier Lane, 57
Midland Farm Road, 36
Midvale Close, 46
Midvale Road, 46
Millais Park, 58
Millbrook Crescent, 45
Millbrook Lane, 45
Millbrook Mews, 45
Minden Place, 57, 58
Minden Street, 57, 58
Moneypenny Lane, 57, 58
Mont à la Brune, 42
Mont a L'Abbe, 46
Mont Arthur, 54
Mont au Meunier, 25
Mont aux Roux, 43, 44
Mont Cambrai, 35, 45
Mont Cochon, 35, 45
Mont de Gouray, 50
Mont de la Barcelone, 5
Mont de la Bu de la Rue, 35
Mont de la Chesnaie, 25, 35
Mont de la Crete, 40
Mont de la Grève de Lecq, 11
Mont de la Guerande, 50
Mont de la Hague, 23, 33
Mont de la Mare, 32
Mont de la Mare Ste.Catherine, 39, 40
Mont de la Pulente, 52
Mont de la Rocque, 43, 44, 54
Mont de la Rosiére, 37

Mont de la Ville Bagot, 11
Mont de l'École, 23, 24, 33
Mont de Rozel, 18
Mont de St. Anastase, 23, 24, 33
Mont de Ste Marie, 11, 12
Mont des Corvées, 10
Mont des Crapauds, 42
Mont des Landes, 40
Mont des Long Champs, 43, 54
Mont des Louannes, 33
Mont des Routeurs, 11, 23
Mont des Vignes, 43, 44
Mont du Boulevard, 54, 55
Mont du Coin, 43
Mont du Grouet, 51
Mont du Jubilé, 32
Mont du Ouaisné, 54
Mont du Petit Port, 52
Mont du Presbytère, 33
Mont du Rocher, 34
Mont du Val la Give, 60
Mont du Vallette, 9
Mont Es Croix, 52
Mont ès Croix, 53
Mont es Neaux, 59
Mont ès Tours, 54
Mont Fallu, 33, 34
Mont Félard, 35, 45
Mont Fondan, 32, 42
Mont Gabard, 40, 50
Mont Gavey, 25
Mont Gras d'Eau, 53, 54
Mont Huelin, 10
Mont Isaac, 24

Mont les Vaux, 54
Mont l'Evesque, 25
Mont Lucas, 11
Mont Mado Lane, 14
Mont Mallett, 50
Mont Matthieu, 21, 22
Mont Millais, 58
Mont Misère, 35
Mont Nicolle, 54
Mont Pelle, 46
Mont Perrine, 25
Mont Pinel, 10, 58
Mont Plaisir Cottages, 68
Mont Plaisir Orchard, 68
Mont Remon, 23
Mont Rossignol, 22, 31, 32
Mont Sohier, 53, 54
Mont Sorsoleil, 24, 25
Mont Suzanne, 25
Mont Vibert, 10, 12
Mount Bingham, 57
Mount Neron, 37, 47
Mulcaster Street, 57
Museum Street, 58
Nelson Avenue, 58
Nelson Street, 57, 58
Neuf Chemin, 13, 14
Neville Holt Estate, 39
New Cut, 57
New North Quay, 57
New Road, 50
New St James' Place, 58
New Street, 57
New York Lane, 59
New Zealand Avenue, 58
Newcastle Clos, 26
Newfield, 35
Newgate Street, 57
Nicholson Close, 47

Noirmont Lane, 54
Nomond Avenue, 46
Norcott Road, 58
Norfolk Terrace, 46
Oak Court, 45
Oak Lane / Le Chemin de la Boldenniere, 52
Oak Tree Gardens, 47
Oakland Vineries, 68
Oaklands, 23
Oaklands Lane, 37
Ocean Appts, 46
Old Brickfield Lane, 58, 59
Old Don Road, 58
Old Forge Lane, 60
Old Road, 50
Old St James' Place, 58
Old St John's Road, 46, 57
Old Street, 57
Old Trinity Hill, 47
Orchard Mews, 46
Orchid Court, 58
Ordnance Yard, 57
Overdale, 46
Oxford Road, 47, 58
Paddock End, 49, 60
Palace Close, 58
Palm Grove, 46
Palm Springs, 47
Palms Drive, 63
Palmyra Road, 46
Parade Arcade, 57
Parade Road, 46
Parc des Frais Vents, 47
Parc du Soleil, 47
Paris Lane, 45
Parish Hall Car Park, 54
Park Estate, 53
Parkinson Drive, 45

Parq des Maltieres, 49
Patier Lane, 47
Patier Road, 47
Patriotic Place, 57
Patriotic Street, 57
Payn Street, 57
Peel Terrace, 58
Peirson Road, 57
Pen Y Craig Avenue, 46
Perquage Path, 44
Peter Street, 58
Petit Port Close, 52
Petite Route de Campagne, 24
Petite Route des Mielles, 42, 53
Petite Rue de la Pointe, 32, 33
Petite Rue de l'Eglise, 35
Petite Rue de l'Église, 33
Petite Rue d'Elysée, 23
Petite Rue des Boulees, 27, 37, 38
Petite Rue du Nord, 48
Petite Ruelle Muchie, 50
Philadelphie Church Parking, 33
Phillips Street, 58
Pier Road, 57
Pierson Place, 57
Pillar Gardens, 47
Pimley Close, 46
Pinewood Close, 42
Pitt Street, 57
Place Les Gallais, 58
Plaisant Court footpath, 46
Plat Douet Road, 58, 67
Pleasant Street, 58
Poingdestre Road, 38
Pomona Lane, 46

Pomona Road, 46, 57
Pont du Val, 42
Pont Marquet Clos, 42
Pont Marquet Drive, 42
Pontac Common, 69
Pontac Slip, 69
Poonah Lane, 46, 57
Poonah Road, 57
Poplar Avenue, 38
Poplar Close, 38
Portelet Bay and Apts, 63
Portelet Drive, 54
Portelet Lane, 63
Pré de Tablot, 58
Pré de Talbot, 58
Pres de Douet, 50
Pres de L'Eglise, 14
Prince's Tower Road, 47, 48
Princess Elizabeth Cottages, 67
Princess Place, 67
Priory Farm, 68
Profonde Rue, 10
Providence Street, 58
Public Footpath, 54
Pumping Station, 11
Queen Street, 57
Queen's Avenue, 46
Queen's Avenue steps, 46
Queen's Lane, 46
Queen's Road, 46
Queen's Valley, 49
Quennevais Drive, 42, 53
Quennevais Gardens, 42
Quennevais Parade, 42
Radier Manor, 59
Raleigh Avenue, 46

Raleigh Lane, 46
Ramparts, 57
Ravenscrag, 45
Rectory Close, 68
Rectory Lane, 47
Rectory Path, 68
Regent Road, 57, 58
Richlieu Park, 46
Richmond Road, 46
Riley Field walk, 27
Robin Place, 58
Rocqueberg Close, 68
Rodney Avenue, 58
Rohais Court, 67
Romney Close, 45
Rope Walk, 57
Rosalind Court, 47
Rosebank, 47
Rosedale Avenue, 44
Rosemount, 58
Roseville Lane, 58
Roseville Street, 58
Rossmore, 46
Rouge Bouillon, 46, 47
Roussel Mews, 46
Roussel Street, 46
Route de Beaumont, 33, 43, 44
Route de Grosnez, 1
Route de la Baie, 53
Route de la Côte, 50
Route de la Francheville, 48, 59
Route de la Haule, 44
Route de la Hougue Bie, 48, 49
Route de la Liberation, 57
Route de la Libération, 57
Route de la Marette, 31

Route de la Pulente, 41, 52

Route de la Trinité, 16, 27, 37, 47

Route de la Vallée, 23, 24

Route de la Villaise, 9, 10

Route de l'Aleval, 24, 34

Route de l'Eglise, 25, 35

Route de l'Église, 12

Route de l'Étacq, 9, 10

Route de l'Hermite, 33

Route de l'Isle, 43

Route de Maufant, 28, 38

Route de Millais, 10

Route de Mont Mado, 14, 15

Route de Noirmont, 54, 63

Route de Plémont, 2

Route de St Jean, 13, 14, 25, 26

Route de St. Aubin, 44, 45, 46, 57

Route de Ste Marie, 12

Route de Ste.Catherine, 30

Route de Trodez, 10, 11

Route de Vinchelez, 2, 10, 11, 22

Route de Vuelle, 57

Route d'Ebenezer, 15, 16

Route des Champs, 48, 59

Route des Clicquards, 14

Route des Côtes du Nord, 17, 18, 28

Route des Genets, 53, 54

Route des Hêtres, 23

Route des Issues, 14, 15

Route des Landes, 1, 2, 9

Route des Laveurs, 10, 20, 21

Route des Petits Camps, 37, 47

Route des Quennevais, 42

Route du Boulay, 16

Route du Carrefour à Cendre, 23

Route du Champ Colin, 38, 48

Route du Coin, 43

Route du Fort, 57, 58

Route du Francfief, 42, 43

Route du Manoir, 33

Route du Marais, 10, 11, 22

Route du Marequet, 9, 10

Route du Mont Cochon, 25, 35

Route du Moulin, 31, 32

Route du Nord, 5, 6, 14

Route du Ouest, 9

Route du Petit Clos, 36, 37

Route du Petit Port, 52

Route du Port Elizabeth, 57

Route du Sud, 52

Route ès Nouaux, 45, 46

Route of Eastern Railway, 60, 61

Route Orange, 42, 52, 53

Royal Court Road, 57

Rue a Don, 49, 50, 60

Rue à Don, 59, 60

Rue à Georges, 24

Rue à la Dame, 47

Rue à la Pendue, 10

Rue à l'Eau, 21, 22

Rue au Bailli, 37

Rue au Blancq, 59, 60, 68

Rue au Boeuf, 48, 49

Rue au Cerf, 11

Rue au Long, 60, 69

Rue au Moestre, 54

Rue au Prieur, 22

Rue au Seigneur, 59, 68, 69

Rue au Sellier, 16

Rue au Tchian, 69, 70

Rue Baal, 52

Rue Bechervaise, 24

Rue Becq, 27, 37

Rue Benjamin, 39

Rue Cappelain, 33, 43

Rue Carrée, 42

Rue Coentyn, 11

Rue Crespel, 28

Rue Crevecoeur, 60

Rue Cyril Mauger, 45

Rue d'Asplet, 16

Rue d'Auvergne, 23

Rue d'Aval, 40, 49, 50

Rue de Bas, 25, 35, 45

Rue de Baudains, 39

Rue de Beauvoir, 47, 58

Rue de Bechet, 26

Rue de Bel Air, 13

Rue de Belin, 29

Rue de Beuvelande, 39

Rue de Brabant, 26, 27

Rue de Caen, 29

Rue de Cambrai, 16

Rue de Carrefour, 38, 39

Rue de Carteret, 57, 58

Rue de Causie, 69

Rue de Crabbé, 12

Rue de Dielament, 28, 38

Rue de Fauvic, 60, 61

Rue de Frémont, 6

Rue de Funchal, 57

Rue de Grantez, 10, 21, 22

Rue de Grouville, 49, 60

Rue de Guilleaume et d'Anneville, 40

Rue de Haut, 44, 45, 54

Rue de Jambart, 69

Rue de la Bachauderie, 38, 39, 49

Rue de la Blanche Pierre, 27, 34, 35, 37, 44

Rue de la Bonne Femme, 10

Rue de la Botellerie, 22, 23

Rue de la Boucterie, 37

Rue de la Campagne, 22, 32

Rue de la Capelle, 11

Rue de la Chapelle, 68

Rue de la Chesnaie, 26

Rue de la Chicanne, 8

Rue de la Chouquetterie, 39, 49

Rue de la Clochette, 39

Rue de la Commune, 33, 43

Rue de la Corbière, 51, 52

Rue de la Cote au Palier, 39, 40

Rue de la Coupe, 19, 30

Rue de la Cour, 22
Rue de la Croiserie, 37
Rue de la Croix, 11, 22, 26, 60, 68
Rue de la Croix au Maitre, 29, 39
Rue de la Croute, 2, 11, 22
Rue de la Devise, 1, 22
Rue de la Falaise, 16, 27
Rue de la Fontaine, 10, 15, 26, 33, 34
Rue de la Fontaine de Colard, 15
Rue de la Fontaine St. Martin, 24
Rue de la Forge, 22, 23, 29, 39, 60, 61
Rue de la Fosse, 27, 28
Rue de la Fosse à Gres, 29
Rue de la Fosse au Bois, 11
Rue de la Freminerie, 48, 59
Rue de la Frontière, 13, 24
Rue de la Gabourellerie, 2
Rue de la Garenne, 36, 37
Rue de la Genestiere, 39
Rue de la Godillerie, 37
Rue de la Golarde, 24, 25
Rue de la Grande Vingtaine, 32
Rue de la Grange, 12
Rue de la Grosse Épine, 13

Rue de la Guilleaumerie, 37, 38
Rue de la Hague, 23, 33
Rue de la Hambye, 38, 39, 48, 49
Rue de la Hauteur, 25, 36, 37
Rue de la Haye, 39
Rue de la Haye du Puits, 60
Rue de la Houge Mauger, 12, 13
Rue de la Hougette, 68
Rue de la Houguette, 48
Rue de la Lande, 15
Rue de la Landelle, 9
Rue de la Lourderie, 69
Rue de la Maitrerie, 28, 29
Rue de la Mare, 1, 9, 22
Rue de la Mare Ballam, 14
Rue de la Mare des Cauchez, 22
Rue de la Mare des Prés, 14, 15
Rue de la Mare des Reines, 28, 38, 39
Rue de la Mer, 31, 32
Rue de la Monnaie, 16, 26, 27
Rue de la Motier, 12
Rue de la Pallotterie, 29, 58
Rue de la Parade, 48
Rue de la Pasture, 60
Rue de la Patente, 25
Rue de la Perruque, 6
Rue de la Petite Falaise, 16

Rue de la Petite Lande, 15
Rue de la Pièce Mauger, 28
Rue de la Pigeonnerie, 54
Rue de la Pointe, 22, 32, 33, 52
Rue de la Porte, 2, 6, 10, 14
Rue de la Pouclée et des Quatre Chemins, 40, 50
Rue de la Prairie, 13
Rue de la Presse, 32, 33
Rue de la Prêterie, 23
Rue de la Retraite, 47, 48
Rue de la Robeline, 10
Rue de la Rosière, 12, 23
Rue de la Roulerie, 37
Rue de la Scelleterie, 14
Rue de la Sente, 49
Rue de la Sente Maillard, 69, 70
Rue de la Sergente, 52
Rue de la Solitude, 40
Rue de la Trappe, 9, 10
Rue de la Valeuse, 53
Rue de la Vallée, 12, 23, 36, 37
Rue de la Vignette, 28
Rue de la Vile Bagot, 11
Rue de la Ville au Bas, 24, 34
Rue de la Ville au Neveu, 12
Rue de la Ville Bagot, 11
Rue de la Ville Bree, 28
Rue de la Ville Emphrie, 34, 35

Rue de la Ville Guyon, 6, 14
Rue de la Vista (and Murs), 44
Rue de L'Allee, 16
Rue de l'Église, 14, 32, 33
Rue de l'Épine, 16
Rue de l'Est, 57
Rue de L'Etau, 57
Rue de l'Etocquet, 10
Rue de l'Étocquet, 5, 13, 14
Rue de l'Orme, 39
Rue de Mahaut, 10
Rue de Marais a la Cocque, 60, 61
Rue de Maupertuis, 5, 13, 36, 67, 68
Rue de Ministre, 39
Rue de Mon Séjour, 37
Rue de Neuilly, 38, 39
Rue de Nord, 10
Rue de Payn, 39
Rue de Petit Plémont, 2
Rue de Podetre, 46
Rue de Potirons, 38, 39
Rue de Rue, 39
Rue de Samarès, 68
Rue de Sergent, 38
Rue de Sorel, 5
Rue de Sous les Terres, 1, 9
Rue de St Blaize, 6, 14
Rue de St.Clement, 33
Rue de St.Mannelier, 38
Rue d'Égypte, 8, 16
Rue d'Élysée, 22, 23
Rue d'Empierre, 36, 37
Rue d'Enfer, 13
Rue des Aix, 24

Rue des Alleurs, 28, 29, 39, 60
Rue des Arbres, 36
Rue des Barraques, 6, 14
Rue des Basacre, 39
Rue des Bessières, 24
Rue des Bilieres, 25
Rue des Bois, 14
Rue des Bouillons, 16, 17, 28
Rue des Boulées, 28, 37, 38
Rue des Brulees, 27
Rue des Bruleries, 42, 43
Rue des Buttes, 14, 39
Rue des Cabarettes, 38
Rue des Camps, 52, 53
Rue des Canons, 26, 46
Rue des Cateaux, 27
Rue des Charrieres, 23, 29, 30, 40
Rue des Chasses, 13, 14
Rue des Chênes, 47, 58
Rue des Corvées, 25, 35
Rue des Cosnets, 10
Rue des Courts Champs, 14
Rue des Croix, 16, 22
Rue des Fonds, 60
Rue des Fontaines, 16, 32, 39
Rue des Fontenelles, 10
Rue des Fosses, 33
Rue des Fosses à Mortier, 43
Rue des Fouonnaises, 10, 11
Rue des Fouothetes, 2, 10
Rue des Friquettes, 38, 48

Rue des Geonnais, 2, 10
Rue des Haies, 26, 27
Rue des Hamonnets, 26
Rue des Hougues, 10
Rue des Houguettes, 26
Rue des Huriaux, 12, 29
Rue des Ifs, 27, 37
Rue des Landes, 5, 6, 13, 14, 33, 43
Rue des Lauriers, 34, 44
Rue des Mans, 43
Rue des Marais, 12
Rue des Marettes, 11, 22, 40, 50
Rue des Mielles, 57
Rue des Monnieres, 26
Rue des Moraines, 25, 26
Rue des Moulins, 49
Rue des Niemes, 22, 23, 32
Rue des Nièmes, 32, 33
Rue des Nouettes, 11, 21, 22, 60, 69
Rue des Ormes, 39, 40
Rue des Pallières, 2
Rue des Pelles, 22, 27, 29, 30
Rue des Pigneaux, 38, 48
Rue des Platons, 15, 16
Rue des Pres, 13
Rue des Prés, 9, 10, 21, 58, 59, 60
Rue des Prés Sorsoleil, 34
Rue des Puchots, 40
Rue des Raisies, 29
Rue des Ruelles, 27
Rue des Saints Germains, 26
Rue des Sapins, 23, 33

Rue des Sauvalleries, 42, 43
Rue des Servais, 26
Rue des Sillons, 23
Rue des Teurs Champs, 49
Rue des Touettes, 12
Rue des Vallées, 29, 39
Rue des Varvots, 24
Rue des Vaux, 48
Rue des Vaux de l'Église, 29
Rue des Vignes, 33, 43
Rue des Viviers, 40
Rue d'Olive, 13
Rue du Bechet ès Cats, 15
Rue du Becquet, 28
Rue du Becquet Vincent, 36
Rue du Bel au Vent, 15, 26
Rue du Blanc Pignon, 29
Rue du Bocage, 33, 43
Rue du Bouillon, 39
Rue du Boulivot, 48, 59, 60
Rue du Bouquet, 2
Rue du Bourg, 69
Rue du Camp Durell, 4, 5
Rue du Carrefour, 16, 27
Rue du Carrefour au Clercq, 49
Rue du Câtel, 18, 27
Rue du Champ, 60
Rue du Champ du Rey, 40
Rue du Chateau Clairval, 38
Rue du Cimetière, 14, 42

Rue du Clos Durell, 27, 37
Rue du Clos Fallu, 28
Rue du Coin, 22, 32, 59
Rue du Coin Varin, 24, 34
Rue du Conet, 43
Rue du Couvent, 22, 24
Rue du Creux Baillot, 11
Rue du Crocquet, 43, 54
Rue du Douet, 13, 22, 26, 36
Rue du Douet de Rue, 13, 24
Rue du Douetin, 49
Rue du Feugerel, 26
Rue du Froid Vent, 39, 40, 47
Rue du Galet, 45
Rue du Genestet, 59, 68
Rue du Grand Jardin, 37
Rue du Grand Mourier, 5
Rue du Grouet, 51, 52
Rue du Haut, 1, 2
Rue du Haut de l'Orme, 36
Rue du Hucquet, 28, 29, 38
Rue du Hurel, 27
Rue du Lecq, 11
Rue du Manoir, 22
Rue du Mont de la Mare, 32
Rue du Moulin, 11, 29, 30, 40
Rue du Moulin à Vent, 60
Rue du Moulin de Bas, 27, 49
Rue du Moulin de la Hague, 23, 33

Rue du Moulin de Tesson, 34, 44
Rue du Moulin du Ponterrin, 37
Rue du Muet, 13
Rue du Nord, 15, 16, 45
Rue du Panigot, 34
Rue du Paradis, 48
Rue du Parcq, 60
Rue du Pavillion, 29
Rue du Pignon, 59, 68
Rue du Poivre, 26
Rue du Pont, 12, 14, 15, 38
Rue du Pont au Bré, 22, 23
Rue du Pont Marquet, 42, 43
Rue du Ponterrin, 37, 38
Rue du Pontliétaut, 68
Rue du Pot du Rocher, 28
Rue du Pouillier, 27
Rue du Pré, 48
Rue du Presbytere, 68
Rue du Presbytère, 16, 33
Rue du Prince, 68, 69
Rue du Puchot, 28, 29
Rue du Puits, 49
Rue du Puits Mahaut, 70
Rue du Rat, 28, 29
Rue du Rondin, 12
Rue du Sacrement, 38
Rue du Saut Falluet, 43
Rue du Sud, 2, 10
Rue du Tapon, 48, 59
Rue du Tas de Geon, 16
Rue du Temple, 14
Rue du Traveurs, 27
Rue du Trot, 38, 48

Rue du Val Bachelier, 1, 2
Rue du Val de la Mare, 21, 31
Rue du Val Poucin, 59
Rue du Vard, 35
Rue du Vieux Menage, 38
Rue du Vieux Moulin, 36
Rue du Vieux Presbytère, 33
Rue ès Abbes, 13
Rue ès Boeufs, 24
Rue ès Nonnes, 6
Rue Es Philippes, 49
Rue ès Picots, 16, 27
Rue Ferriere, 1, 2, 9
Rue Fliquet, 36, 46
Rue Fondon, 33
Rue Freule, 10
Rue Galachie, 21
Rue Galiche, 21
Rue Gombrette, 14
Rue Graut, 60, 69
Rue Grellier, 59
Rue Gros, 59
Rue Guerdain, 16
Rue Hamel, 69
Rue Henri Gonay, 10
Rue Hilgrove, 50
Rue Horman, 49, 50
Rue Jacques, 27
Rue Jutize, 59, 60
Rue Laurens, 60, 69
Rue Mahier, 12
Rue Malo, 60
Rue Maraval, 60
Rue Maret, 33
Rue Martel, 59
Rue Mathurin, 49, 59, 60
Rue Messervy, 59

Rue Milbrae, 25
Rue Militaire, 14, 15, 22
Rue Motier, 22
Rue Parcqthée, 25
Rue Rose, 32, 33
Rue Rouge Cul, 24, 34
Rue Saint-Thomas, 59
Rue Sara Henri, 24, 25
Rue Savile, 57
Rue Sinnatt, 59
Rue Soulas, 59
Rue St.Julien, 39
Rue Vardon, 60, 61
Rue Varzon, 34
Rue Vegeur, 22
Rue Verte, 33
Rue Ville ès Gazeaux, 25
Rue Voisin, 63
Ruelle de Rauvlet, 36
Ruelle de St. Clair, 35
Ruelle des Casernes, 18
Ruelle des Tours, 60
Ruelle du Coin, 22
Ruelle du Mont d'Ifer (2012), 27
Ruelle du Vallet, 60, 69
Ruelle du Verclut, 30
Ruelle Es Biches, 27
Ruelle ès Ruaux, 44
Ruelle Vaucluse, 35, 36, 45
Ruette à la Vioge, 34, 44
Ruette a Pierre, 35
Ruette d'Avranches, 24
Ruette de Faldouet, 40
Ruette de Grantez, 10, 21
Ruette de la Carriere, 14
Ruette de la Ville a l'Eveque, 15, 16
Ruette de Sacrement, 47

Ruette des Ecorvees, 39
Ruette des Mannaies, 10
Ruette des Parcqs, 36
Ruette Gabard, 50
Ruette la Roche Rondelle, 40
Ruette Mathurin, 49, 60
Ruette Pinel, 35, 36
Saint Aubin's Bay Promenade, 44, 45, 46, 57
Samares Avenue, 67
Samares Nurseries, 67, 68
Sand Street, 57
Sandybrook Lane, 44
Santa Monica Park, 45
Santarosa, 47
Sarina Road, 67
School Road, 67
Sea Point, 67
Sea View Farm, 35, 45
Sea wall steps, 68
Seafield Avenue, 45, 68
Seale Street, 57
Seaton Ln, 57
Seaton Place, 57
Secrets, 21
Sefton Close, 68
Seymour Slip / La Montee du Boulevard, 70
Shakespeare Hotel, 68
Silver Springs, 53, 54
Simon Place, 58
Sion Farm Close, 68
Sion Village, 26
slip, 41, 55, 70
Slip de l'Ouest, 9
slip 'du Sein', 9
Snow Hill, 57

Somerset Place, 57
Sous La Thiebaut, 10
South Hill, 57
Spencer Close, 58
Spring Valley Farm, 11
Springbank Avenue, 46
Springfield Crescent, 47
Springfield Road, 47
Springside, 27
Springvale, 54
St Andrews Close, 45
St Aubin's Bay Promenade, 44, 45, 54, 55
St Aubin's Fort causeway, 55
St Brelade's Park, 54
St Clement's Road, 58
St Ewold's, 47
St John's Road, 46
St Luke's Crescent, 58
St Mark's Lane, 46, 57, 58
St Mark's Road, 46, 47
St Nicholas Avenue, 67
St Peter's Valley, 23, 33, 34, 44
St Sampsons Avenue, 42
St Saviour's Hospital, 49
St. Andrew's Place, 57
St. Andrew's Road, 45, 46
St. Aubin's Road, 57
St. Clement's Gardens, 58, 67
St. Clement's Road, 58
St. James Mews, 58
St. James' Street, 58
St. Paul's Centre, 57
St. Saviour's Hill, 47

St. Saviour's Road, 47, 58
St.Andrew's, 45
St.Anne's Terrace, 46
St.Christopher's, 44
St.Clement Country Trail, 59, 60
St.John Rec. Ctr., 14
St.John's Manor, 14
St.Martin's Arsenal, 28
St.Mary's Court, 46
St.Peter FC, 33
St.Saviour's Crescent, 47
Stafford Gardens, 47
Stafford Lane, 47
Station Cottages, 68
Steps to beach, 68
Stocall Drive, 38
Stopford Road, 47, 57, 58
Summerville Lane, 58
Sun Bowls, 45
Sunnycrest Close, 38
Sunshine Avenue, 47
Sutton Court, 47
Swan Farm Lane, 47
Swiss Valley / Le Val Aumet, 58, 59
Sydney Crill Park, 69
Tabor Drive, 53
Tabor Heights, 53
Tabor Lane, 42
Talavera / Well Lane, 37
Temple Court, 14
The Avenue, 67, 70
The Cedars, 57
The Cloisters, 58
The Close, 44
The Deanery, 46
The Grand Hotel, 57
The Hamlet, 50

The Palms Apts, 63
The Palms Chateaux apts, 63
The Parade, 57
The Rectory, 33
The Willows, 50
The Windmill, 12, 23
Thomas Edge Place, 58
Three Oaks, 25
to Fort Regent, 57
Tower Road, 45, 46
Town Mills, 47
Track to Nicolle Tower, 68
Travers Farm Lane, 54
Trenton Square, 57
Trinity Gardens, 47
Trinity Hill, 47
Trinity Manor, 26, 27
Trinity Road, 47
Troy Court, 47
Tudor Close, 53
Tunnell Street, 58
Tunnels Ho8, 34
Tyneville Lane, 46
Undercliffe Road, 46
Union Court, 57
Union Road, 50
Union Street, 57
unofficial angler's path, 6
Upper Clarendon Road, 46
Upper Kings Cliff, 46
Upper Midvale Road, 46
Val Plaisant, 46, 47, 57
Vale Court, 47
Vallée de Rozel, 18, 29
Vallee des Vaux, 36, 46, 47
Valley Road, 47, 54

Vau Bourel, 5, 13
Vauxhall Street, 57
Verlcut Slipway, 30
Verte Rue, 10, 11, 12, 22
Vicq Farm, 60
Victoria Avenue, 44, 45, 46, 57
Victoria Cottage Homes, 47
Victoria Court, 58
Victoria Crescent, 46
Victoria Pier, 57
Victoria Place, 57
Victoria Road, 58
Victoria Street, 57
Victoria Village Estate, 37
Vielle Rue a l'Eau (private), 22
Vieux Beaumont, 33, 34, 44
Ville de la Croix, 11, 22
Ville de l'Église, 22
Ville des Chênes, 14
Ville des Marettes, 11, 22
Ville du Bocage, 33
Vine Park, 44
Vine Street, 57
Warwick Farm, 36
Water Lane, 58
Waterloo Lane, 57
Waterloo Street, 57
Waverley Terrace, 47
Weighbridge Place, 57
Wellington Park, 47
Wellington Road, 47, 58
Wesley Street, 58
West Hill, 46
West Park Avenue, 46

West Park Roundabout, 57

Westbourne Avenue, 47

Westbourne Terrace, 47

Westley Court, 58

Westmount Court, 46

Westmount Park, 46

Westmount Road, 46, 57

Wharf Street, 57

Whiteley Close, 47

Wilkes Gardens, 47

Willow Grove, 47, 58

Willows Court, 57

Wimbledon Lane, 60

Winchester Street, 57

Windsor Court, 15

Windsor Crescent, 46

Windsor Road, 46, 57

Woodlands, 60

Woodville Avenue, 58

York Lane, 57

York Street, 57

Youth Ctr, 47

Printed in Great Britain
by Amazon

10644833R00052